編輯台報告

體驗文青式的日常生活

窩在書店角落，隨手翻閱一本書，讓思緒自在遨遊；穿梭在街頭巷尾，遇見獨特的風格小店，忍不住就想進門逛逛，順便和老闆聊個天；喜歡買雜貨妝點家裡，把空間布置得舒適、有自己的個性；被飽含歲月記憶的老房子觸動，聆聽前人在這片土地上留下的故事。

這是文青式的日常生活，在上學、工作這些「本業」之餘，仍保有自己的生活和純真心靈，去感受正在發生的美好人事物。

有人說台灣地狹人稠，是的，台灣雖然小，但有著豐沛的地理環境，多元的人文族群，可說是每一處都充滿精彩，而近幾年，也被一一挖掘出驚人的在地文創力。

有感於「文創」的火熱崛起、「文青」被歸類成一種潮流，我們將台灣北、中、南、東部各地的文創小店和文創園區一網打盡，邀請讀者一起當個文青，造訪書中介紹的創意品牌、生活雜貨、風格老屋、獨立書店等不同類型的特色景點，更貼心附上 QR code，輕鬆掃描就能找到想去的地方。

預備備，起！
跟著我們繞島嶼一圈，體驗文青の生活散策吧！

本書使用說明 ————————————
簡單兩步驟，快樂輕鬆走

STEP1

掃描 QR Code

本書貼心規劃了手機導航
QR code，只要拿出智慧型
手機一掃，就能直接連入
Google Map，即時鎖定店家
／景點位置！

STEP2

跟著地圖走

按下螢幕下方白色欄位，即
可看到店家／景點資訊；
按下右下角的藍色圓圈，
Google Map 就會自動規劃
路徑。現在，就提起你的行
囊，跟著我們一起出發吧！

GO!

目次

PART2 中部

文創園區與聚落

文青の生活散策

一

PART 1

北部

長期身為全台政經與文化重心的北
台灣，文創產業樣貌豐富、發展迅
速的程度，可說是全台之冠。作為
首善之都的台北市，在地文創商品
也朝精緻化、藝術化發展；老街景
點林立的新北市，則又呈現出另一
種樸拙可愛的迷人風貌。

台北　生活雜貨

—

好丘 GOOD CHO'S ／天母店
文創之旅前先來個貝果吧

本篇文字：許恩婷／攝影：楊志雄

源於「簡單生活節」提倡的 Simple Life 精神，與「聚
集所有美好的人、事、物」的期待，好丘團隊以英
文 good choice 的諧音，創立品牌，並陸續設立了三
處據點，天母店正是最新的一處。

寬廣的三層樓空間既明亮又通風，一進門就能看見玻璃櫃中擺滿大蒜乳酪、地瓜乳酪起司、野生桑葚等諸多口味的貝果，一旁還有蜂蜜、優格、茶葉等精心挑選的天然食材。二樓一半的空間是文創商品賣場，有很多兼具質感和設計的日常生活雜貨，另一半是李宗盛創立的吉他品牌「李吉他社區音樂書房」，有不少音樂雜誌、書刊，以及專輯可供試聽；三樓小閣樓則是小型展覽空間。

店裡的人氣餐點「豪野鴨胸貝果堡」，使用每日現做貝果，加上五星級飯店指定的宜蘭「豪野鴨畜牧場」的櫻桃鴨和新鮮蔬果，豐富滋味令人難以忘懷。

ADD	台北市士林區天玉街 38 巷 16 弄 2 號
TEL	(02) 2873-5889
OPEN	1F 09:00 ～ 20:00
	2F 11:00 ～ 19:00 （每月第一個週一公休）
PAGE	www.goodchos.com.tw
	www.facebook.com/goodchos

▲ 二樓提供不少匠心獨具、創意十足的日常生活雜貨。

▲ 好丘天母店戶外空間綠意昂然，也挺適合遛小孩。

◀ 新鮮美味、搭配在地食材的台灣味貝果，是好丘餐點的最大特色。

台北　風格老屋

—

光點台北／台北之家
老洋樓裡的電影藝文空間

本篇文字：許恩婷／攝影：楊志雄

飯店、精品林立的中山北路二段上，有棟潔白的兩
層洋樓，在小巧的草坪和樹木環繞下，看起來有點
歷史又很有氣質。這棟建築原來是美國大使館官邸，
尼克遜擔任美國副總統來台訪問時，還捨棄豪華大
酒店選擇入住這裡。

▲ 閒坐室內或遊走戶外,各有情趣。

▲ 雪白牆面和典雅建築,散發出古典優雅氣氛和
歷史情味。

人來人往的熱鬧官邸在當年中美斷交後,變成荒煙
蔓草的空屋,沉寂十多年後變身為結合電影院、咖
啡店、展覽館的藝文展演空間,恢復了當時的璀璨
風情。

可以在古典優雅的空間品嘗美味的下午茶,欣賞林
木蓊鬱的庭園風景,享受閒適的午後時光,或是逛
逛「光點生活」,裡面有蘑菇、JumpFromPaper 等品
牌,兼具質感和創意的文創物件,以及各類精選影
音商品。時間充足的話,也可以到光點電影院觀賞
多元化的電影,等待開演前的空檔,就到「迴廊展
覽館」欣賞充滿創意的藝文作品。

ADD	台北市中山區中山北路二段 18 號
TEL	(02) 2511-7786
OPEN	光點生活 10:30 ～ 22:00
	(不定期公休,週五、六延長至 22:30)
PAGE	www.spot.org.tw

—

爆炸毛頭與油炸朱利

極具巧思的金工飾品

本篇文字：許恩婷／攝影：楊志雄

爆炸毛頭與油炸朱利工作室位在靜謐巷道間，這間
以金工藝品為主題的小店，店內空間的設計與商品
擺放方式極富巧思，宛若一座小型美術館。

每件作品都用相當別出心裁的方式陳列，像是胸針放在牆上作裝飾，讓單調的白牆變得雅致；金屬材質的項鍊、戒指放在木盤上，兩種不同的材質更襯托出作品的質感。

店內飾品多由兩位金工專業的老闆設計製作，也有部分是合作的設計師作品，每件都兼具創意和實用性；推薦老闆們以台灣原生種生物為主題的原生系列，像是台灣藍鵲摺紙項鍊，造型特別、線條硬挺，金屬材質打破對鳥類既有的嬌嫩印象。另有以落葉為主題的葉系列飾品，線條簡潔的枝、葉搭配冷色調的銀白金屬，有質感又好搭。

ADD	台北市大同區承德路二段 1 巷 27 號
TEL	(02) 2552-5931
OPEN	13:30 ～ 21:30（週一公休）
PAGE	www.bmfj.com
	www.facebook.com/bmfjcom

▲ 大門的人像剪影，點出「金工」主題，獨具巧思。

▲ 店內的作品與生活及地方性元素有關。

台北　創意品牌

—

`0416 ╳ 1024
充滿家與愛的風格設計

本篇文字：許恩婷／攝影：楊志雄

`0416 ╳ 1024 以兩位設計師的生日作為品牌名稱，
實品店在靠近台北光點的小巷中，黑色的門面配上
白色的店名，還有一個白色木製房屋造型燈具，看
起來簡潔俐落。

▲ 這件名為「腋結金蘭」的
　T恤，風格逗趣，展現設
　計者巧思。

▶ 平台上展示著各式各樣稀
　奇逗趣的創作小物。

白色的手繪風 T 恤掛在綠色牆邊，水泥色牆前則放
了木櫃和花束，牆面顏色和商品擺設的方式讓空間
看起來更活潑。

室內陳列衣服、飾品、文具、家飾，都是以生活中
會遇到的各種人物為主要素材，延續「家」與「愛」
的概念精神，設計周邊生活實用性作品，像是詼諧
質樸的手繪風格 T 恤，以腋毛為主題，兩人雙手交
纏露腋毛的「腋結金蘭」、伸手拉吊環露出一坨腋
毛的「腋於常人」；或是寫著幼稚、誠實、固執、
單純等字詞的造型徽章；使用水泥做成小房屋造型
的花器、開了一個小門的方形燈飾，利用燈光和植
物讓看起來冷冰冰的水泥變得溫暖。

ADD	台北市中山區中山北路二段 20 巷 18 號
TEL	(02) 2521-4867
OPEN	13:00 ～ 22:00
PAGE	www.hi0416.com/0416
	www.facebook.com/0416x1024

台北　風格老屋

▲ 老屋翻新的民藝埕，展示及販售文創商品，
是新空間經濟學的最佳體現。

▲ 「台灣小籠包調味罐組」設
計維妙維肖。

—

民藝埕
翻新老屋內的茶文化體驗

本篇文字：許恩婷／攝影：楊志雄

迪化街附近有很多老屋翻新的文化
街屋，像是小藝埕、民藝埕、眾藝
埕、聯藝埕、學藝埕等，每間文化
街屋都有各自主題，多是販售文創
商品和餐廳、咖啡店。

位在霞海城隍廟隔壁的民藝埕是以
茶文化為主題，一樓販售許多有特
色的瓷器、陶器，其中最引人目光
的就是放在蒸籠中，做成小籠包造
型的瓷罐組，小巧玲瓏深受觀光客
喜愛；一旁還有做成粉紅小桃子的
桃喜杯，粉嫩可愛讓人想要捧在掌
心撫摸。

ADD　　台北市大同區迪化街一段 67 號
TEL　　 (02) 2552-1367
OPEN　 10:00 ～ 19:00
PAGE　 www.face.com/artyard67

—

印花樂
將台灣記憶轉為繽紛織品

本篇文字：許恩婷／攝影：楊志雄

從永樂市場對面的小藝埕開始，愈來愈多各有不同特色的自創品牌入住這裡的文化街屋，讓迪化街褪去年貨大街的老舊印象，蛻變為結合古典與創新的時髦街區。

其中以花布產品聞名的印花樂，將八哥、朱鸝、獼猴等台灣生態動物，以及古早味零食、舊花磚、鐵花窗等台灣記憶作為創作元素，設計出清新又繽紛的印花織品，再將印花布料做成手帳、包包、年曆掛巾、環保餐具套、襪子、紙膠帶，可愛又特別。

▲ 印花樂以「圍繞著生活的創作」為核心，將台灣生態和記憶轉化為新的創作元素。

◀ 印花樂的設計圖案線條與編排簡練，配色細膩而豐富。

ADD　台北市大同區民樂街 28 號
TEL　(02) 2555-1026
OPEN　09:30 ～ 19:00
PAGE　www.inblooom.com
　　　www.facebook.com/inblooom

◀ 小藝埕的拉門上印著美麗花紋，讓人想要一探究竟。

台北　生活雜貨

—

溫事
為你蒐集日常中的溫暖小事

本篇文字：許恩婷／攝影：楊志雄

這是插畫家米力開設的實體雜貨鋪，裡面陳列著米
力夫妻四處尋找引進台灣的日本職人手作商品，從
小巧可愛的湯匙、圖案繽紛的飯碗、閃亮動人的玻
璃杯，到一只相傳三百年的小鹿田燒餐具、繪有熱

帶植物極具辨識度的手製陶器，每件作品都讓人感到溫暖愉悅；也因此米力取溫暖的小事之意，為這家店取名「溫事」。

二樓的展覽小空間，每個月都會更換主題，展覽過後作品會移到一樓陳列販售；例如百年前印刷道具的活版與古印章特展，除了展出世界各地和印刷有關的工具外，特別的是好萊塢六十多年前專門用來印邀請函，一台可以印出花體英文字的機器，有興趣的話還可以在一樓買本筆記本，請店家幫忙印上名字。

ADD	台北市中山區中山北路一段 33 巷 6 號
TEL	(02) 2521-6917
OPEN	12:00 〜 19:00
PAGE	www.millyshop.net

▲ 店內曾展出一九四○年美國 Underwood 古董打字機。

▲ 「溫事」的書架上陳列有食器、編織等與店內商品相關的參考書籍。

▲ 店內展售許多細膩有質感的器皿。

台北　生活雜貨

—

彰藝坊
看見台灣花布的繽紛之美

本篇文字：許恩婷／攝影：楊志雄

在永康街安靜的住宅區小巷中，彰藝坊低調的門面
一不留心就會錯過。

店內陳列許多使用台灣花布製作、色澤繽紛的商品，
櫃子裡還有布袋戲偶；原來彰藝坊老闆夫婦是彰化

「彰藝園掌中劇團」第三代，所以店內很多產品都帶有布袋戲元素，例如造型可愛的布公仔購物袋，收起來是個可以把玩的可愛花旦布偶，攤開就是實用的購物袋。

彰藝坊運用色澤鮮豔的台灣花布，像是早期常見的窗簾、被單布，和素色布料結合，設計出許多具有台灣特色的商品，例如外素內花的書包、可靠腰靠腿的虎枕、俏皮活潑的髮帶，或是使用剩餘布料製作的花布撢子，深受外國觀光客喜愛，還有日本客人每年都來買新花色的書包。

ADD	台北市大安區永康街 47 巷 27 號
TEL	(02) 3393-7330
OPEN	11:00 ～ 19:00（週一公休）
PAGE	www.cyf-hodehi.com.tw
	www.facebook.com/changyifangtw

▲ 彰藝坊門前的花布襯托出下方俏皮春聯更顯喜氣洋洋。

▲ 店內的花布書包、零錢包等商品手工精緻，還吸引日本客人每年來買。

—

掌生穀粒

讓台灣農產成為你優雅生活的一環

本篇文字：許恩婷／攝影：楊志雄

掌生穀粒多年來在網路販售米、茶、蜂蜜等台灣的優質農產品，二〇一五年在國父紀念館對面開設第一家實體店面。明亮寬敞的空間中陳列著精心挑選的產品，其中小包裝經典商品「飯先生」，是台東

世代務農的范先生每年依照各種米的優缺點，調配出最好的口感和味道，用「飯先生」煮出來的米飯中，吃得到高雄 139 號的甜與 Q、台梗 4 號的柔軟與清芬、台東 30 號的飽滿與圓潤。

這裡還有許多香氣特殊的蜂蜜，如帶點草味，由蜜蜂在藥草林中採集製成的「百草蜜」；或是香氣高雅，在花香中帶點微酸果香的「山茶蜜」。特別推薦「眾神花園」系列蜂蜜，是蜜蜂採集花蜜後不斷振翅，使其含水量降低而自然熟成的蜂蜜。雖然要多二到三倍的等待時間，卻有更精純鮮活的味道；瓶蓋上還有精緻的剪紙，打開摺疊的雕花，木荷、山茶花的身影在眼前綻放。

ADD	台北市信義區仁愛路四段 518 號
TEL	(02) 2723-7511
OPEN	09:30 ～ 18:30（週六、日公休）
PAGE	www.greeninhand.com
	www.facebook.com/greeninhand

▲ 澄黃香甜的各式蜂蜜，也是店內的明星商品。

▲ 掌生穀粒的商品文創化，其中蜂蜜的瓶蓋上還有精緻的剪紙。

—

好樣本事 VVG Something

雜貨鋪般的絕美復古風書店

本篇文字：許恩婷／攝影：楊志雄

隱身台北巷內，低調的門面加上寫著好樣本事的小巧招牌，這是「VVG 好樣」團隊所開設的書店。如果不仔細看，很難將這間門口種了許多綠色植物，以白色牆面搭配紅色拉門、古董腳踏車的小店跟書店聯想在一起。

店中央的長桌上和牆邊櫃子中，陳列著設計、藝術、美食、攝影類的外文書籍。此外，還有許多有趣的小東西，像是果醬、茶具、印章、小手札、帆布袋、復古相機、玻璃餐具、琺瑯鍋具、五金零件等，比起書店，更像是間充滿特色的小雜貨鋪。

小小的室內空間，錯落有致的擺放許多書籍和商品，置身其中讓人有種在挖寶的感覺。木質地板搭配昏黃燈光，營造出獨特而優雅的溫暖氣息，每個角落都有特別風格，難怪會被國外媒體評選為「全球最美的二十家書店」之一。

ADD	台北市大安區忠孝東路四段 181 巷 40 弄 13 號
TEL	(02) 2773-1358
OPEN	12:00 ～ 21:00
PAGE	vvgvvg.blogspot.tw

▲ 店內有許多設計、藝術、攝影類的外文書。

▲ 雖是獨立書店，好樣本事仍然巧思放置如印章、鉛筆等有趣小物。

▲ 木質建材的溫馨氣息，搭配昏黃燈光，營造出優美的氛圍。

台北　風格老屋

—

秋惠文庫
縈繞咖啡芬芳的台灣珍貴文物

本篇文字：許恩婷／攝影：楊志雄

靠近捷運東門站的秋惠文庫，既是咖啡店也是歷史
文物館。由住家改裝的空間擺滿清代的畫作、文件、
日治時期的廣告海報、浮世繪、寺廟托木、雕刻等
老闆收藏品，雖然內容看起來五花八門，但他所收
藏的古董、文物、文史資料中，最古老的資料是有

四百年歷史，歷經西班牙、荷蘭、明清、日本和國民政府反共時期的收藏品，幾乎完整呈現了台灣近代風貌，連台南的國立台灣歷史博物館都曾向他借展。

除了具重要歷史意義的史料，如清初林爽文事件後，將軍福康安奏報攻克斗六門的「平定台灣戰圖」；也有獨特的藝術作品，如知名畫家廖繼春唯一的半立體石膏作品「野柳風光」；充滿趣味性的收藏，像是大批日治時代賣紅茶、糖的廣告海報等，花點時間慢慢看，會對台灣的過去有更多了解。

ADD	台北市大安區信義路二段 178 號 3 樓
TEL	(02) 2351-5723
OPEN	11:00 ～ 19:00 （週一公休）
PAGE	www.facebook.com/FormosaMuseum

▲ 秋惠文庫收藏許多早年以日本女性為主角的廣告海報。

▲ 這本賣鴉片的帳本，見證著過往歷史。

◀ 秋惠文庫在繁華的台北市中保留了昔日的台灣記憶。

—

有河 Book
有貓有河有書香

本篇文字：邱昌昊／攝影：楊志雄

或許你很難想像，熱鬧的淡水老街上，竟有這樣的
店家：踏上窄小樓梯，老街上的嘈雜從此與你無關，
迎接你的，是一間彷彿遺世獨立，且擁有極佳視野
與藝文氣息的小書店──有河 Book。

書店主人 686 曾從事廣告業，在中年離職後決心過著每日讀書寫字的生活，於是與詩人妻子隱身在淡水河畔開起了獨立書店。店內以新書為主，選書則以電影、文學、生態、旅遊等類別為大宗。

有河有兩大廣為人知的特色，一是對淡水街貓的照顧，店內時常可見貓咪來去，但為了避免打擾到牠們的生活，還請配合店內規定，不要逗弄貓咪喔！

另一大特色就是每月更新的玻璃詩了。從開幕的第一天起，直面觀音山的大玻璃窗上，就有著詩人親筆寫下的詩句。隨著店內人來人往，詩句也有了不同的變化，愛詩如你，又怎能不來此拜訪呢？

ADD	新北市淡水區中正路 5 巷 26 號 2 樓
TEL	(02) 2625-2459
OPEN	12:00 ～ 22:00 （週一公休）
PAGE	blog.roodo.com/book686
	www.facebook.com/youhebook

▼ 面對觀音山的玻璃牆上，每月都會更換新作。

▲ 有河 Book 的戶外區可賞景或看書，讓人不亦快哉！

新北　獨立書店

—

九份樂伯二手書店

山城裡老書飄香

本篇文字：邱昌昊／攝影：楊志雄

想要在蜿蜒起伏的九份基山路上，找到愛書人口耳
相傳的樂伯二手書店，是需要一點耐心的，不妨當
作是一趟尋寶之旅吧！

與有河 Book 同年開張的九份樂伯二手書店，店主 Lobo（樂伯）從小就愛看書，嚮往經營書店的單純生活，於是在四十歲那年來到九份開店。店內書籍都是他四處蒐集而來，類型以文學、歷史、哲學、藝術為主，在架上瀏覽，不難看到知名的東方典籍，與經典的西方巨著，也不乏台灣五、六〇年代的文學創作。當然，有些當代暢銷書也能在這裡找到。

樂伯對書有著相當的執著，所以在選書時，會以自己看得懂，且能在當地賣得掉的書為主。他也了解書況的判斷相當主觀，為避免買家收到書後後悔，所以不提供電話與網路訂書服務，但若你不要的書籍捐贈，他會很樂意親自到府收書！

ADD	新北市瑞芳區佛堂巷 31 號 （基山街 221 號旁）
OPEN	11:00 ～ 17:00
PAGE	blog.xuite.net/lobo32xl/twblog

▲ 愛書人喜歡到樂伯二手書店來尋寶。

▲ 在樂伯，即便是二手書，仍然保持良好書況。

—

石話
九份街頭的溫潤與堅毅

本篇文字：邱昌昊／攝影：楊志雄

　　來到輕便路上的這家石藝小店，不難發現店主吳美齡一家對藝術的熱愛與投入。由於先生愛好收集雅石，她在協助搬運整理的過程中，逐漸對石頭產生情感，開始研究石藝，後來更在先生的鼓勵下，經營起自己的店面，並由女兒命名為「石話」。

在店裡琳瑯滿目的作品中，許多都以圓滾滾的豬仔為主題，造型討喜可愛，這都是來自吳美齡的兒時記憶。由於小時候的農家生活經驗，想要上學都得賣豬來籌措學費，對她而言，豬不只是傳統的招財象徵，更是穩定生活的力量。

店內除了吳美齡自己的作品外，也為台灣的石雕藝術家特別開闢了一個展覽空間，讓遊客不只可以看到逗趣可愛的豬仔，更能一口氣看遍各種風格的創作，來這裡一趟，絕對讓你不虛此行。

ADD	新北市瑞芳區九份輕便路 129 號之 1
TEL	(02) 2496-0709
OPEN	12:30 ～ 20:00 （週二公休）
PAGE	www.facebook.com/shihuataiwan

▲ 石話特闢台灣本土石雕、木頭創作空間，讓遊客看見台灣藝術家的創作能量。

▲ 店內最常見又討喜的創作主題是圓滾滾的豬仔造型。

▲ 可愛的豬，是店主人吳美齡兒時回憶，也是她穩定生活的力量之一。

新北　創意品牌

—

新旺集瓷
瓷藝也可以很時尚

本篇文字：黃馨慧／攝影：楊志雄

鶯歌陶瓷業起源甚早，清代到日治時期，這裡就已
經是北台灣主要的陶瓷產區，至今近兩百年的發展，
陶瓷已成為獨特的地區特色。吃完遠近馳名的阿婆
壽司，別忘了來逛逛文化路、尖山埔路與重慶街一
帶的鶯歌老街，順便體驗手拉坏！

▲ 新旺集瓷以陶瓷為主角，巧妙搭配竹子
等其他媒材，創造瓷藝新時尚。

▲ 館內可以體驗捏陶做出
屬於自己的作品。

▲ 古董級的製陶設備現今
仍可使用。

「新旺集瓷」是一個傳承四代的陶瓷家族，創業至今已有八十多年。以第二代許新旺為名的陶瓷紀念館博物館建築以白色作為基調，每件陶瓷作品在這裡皆能夠恣意展現它的特色。以文創為出發點，新旺集瓷裡的品牌眾多，每個品牌都有各自的特色、風格，而且無論送禮還是自用都很適宜。

館內古董級的瓦斯窯、車碗機、腳踢式轆轤等製陶設備，都是從前工廠留下來的舊設備，雖然老舊但都是還可以使用的。館內還有提供捏陶體驗，找個假日來到這裡，親手捏出屬於自己的作品！

ADD	新北市鶯歌區尖山埔路 81 號
TEL	(02) 2678-9571
OPEN	週一 13:00 ～ 18:00（陶藝教室公休）
	週二至週日 10:00 ～ 18:00
PAGE	www.shuandws.com

新北　生活雜貨

—

三峽染工坊
是藝術，也是生活

本篇文字：邱昌昊／攝影：楊志雄

三峽過去曾是北台灣轉運茶葉、煤礦、樟腦與染布
的重鎮，貿易頻繁，造就了繁榮的街區。雖然隨著
產業轉型，老街繁華不再，但傳統工藝與華美的紅
磚建築卻保留了下來，成為這裡最動人的風景。

三峽盛產藍染原料——大菁，又有清澈溪水可供漂淨染布，得天獨厚的地利曾讓藍染業盛極一時。但成衣業的興起，讓藍染轉趨式微，直到現代人重新重視起天然手作的植物染，才讓藍染再度受到重視。

對三峽人來說，藍染既是藝術，也是生活，這正是三峽染工坊的宗旨，當地的國小學童也都要接受藍染藝術的洗禮。遊客們來到這裡，也可以參加工坊的體驗課程，創造出專屬自己的藍染藝品！

ADD	新北市三峽區中山路 20 巷 3 號
TEL	(02) 8671-3108
OPEN	10:00 ～ 17:00 （週一公休）
PAGE	www.facebook.com/201573859876658

◀ 純手工的藍染工藝，讓每一件
作品都是獨一無二。

▲ 展示中心裡陳列販售各種藍染作品。

▲ 來此除了親眼看到藍染手藝工法，
還能參加體驗課程。

新北　創意品牌

—

茶山房肥皂文化體驗館
一起體驗製「皂」的樂趣

本篇文字：邱昌昊／攝影：楊志雄

茶山房的前身「美盛堂」，是由一九三〇出生的林義財所創。由於年輕當學徒時每天觸摸皂鹼過重的肥皂，患了富貴手，讓他下定決心研發不傷肌膚的中性肥皂，終於成功生產出全球只有自家與美國 Ivory 才能生產的浮水皂，廣獲市場好評。

然而隨著沐浴乳等產品的問世，傳統天然肥皂逐漸被人遺忘。林家並未因此放棄，反而集結三代人的力量，在堅持天然製作的原則下力求創新，將三峽的碧螺春應用於肥皂的製作，大受歡迎，從此讓美盛堂改頭換面，成為如今的茶山房。

為了讓更多人了解天然肥皂對人體的好處，茶山房在白雞山上建立肥皂文化體驗館，毫不藏私地將製程公開，也讓遊客得以親自體驗製作手工皂的藝術與樂趣。

ADD	新北市三峽區白雞 64-11 號
TEL	(02) 2671-4400
OPEN	09:00 ～ 17:00（電話預約參觀）
PAGE	www.teasoap.com.tw

▲ 使用海豚模具塑形的手工皂，看起來既可愛又有質感。

▲ 體驗館佇立在白雞山上，歡迎遊客前來參觀。

▲ 茶山房貼心設計洗手串可掛在水龍頭，使用時將雙手打濕搓一搓，即可洗淨雙手的汙垢。

—

甘樂文創

古蹟與人文的結合

本篇文字：邱昌昊／攝影：楊志雄

來到熱鬧的三峽老街，如果你走累了，不妨暫時離開老街的人潮，到一旁清水街的甘樂文創歇歇腳。

甘樂文創由在地年輕人一手打造，現有場地原是一處老舊的三合院，以鐵皮包覆古厝的空間設計，整

合了新舊空間，也起保護老屋的作用。最有特色的是店門口處，那只名為「來碗三峽」的藍色大碗，將三峽風景完整濃縮在碗裡，非常神奇！

這裡也是複合式的展演空間，並提供餐飲服務，不定期有各類表演或講座，還有老街導覽與藍染體驗課程。他們甚至擁有自己的刊物《甘樂誌》，關注台灣在地傳統產業與藝術文化。甘樂文創的經營團隊也陸續獲得了教育部社教公益獎、文創精品獎的服務大獎等榮譽，足見他們經營的用心。

ADD	新北市三峽區清水街 317 號
TEL	(02) 2671-7090
OPEN	11:00 ～ 21:00
PAGE	www.thecan.com.tw

▲ 大大的陶瓷碗名為「來碗三峽」，碗中繪製有三峽地區的人文與美景。

▲ 甘樂的每個角落都看得到設計者的巧思與用心。

▲ 天花板以三峽特有的藍染文化為主軸，壁面掛著幾張在地特色的視覺掛報，整體空間充分展現文化結合創意的精神。

特 別 企 劃
文創園區與聚落

信義公民會館
（四四南村）
老眷村再現新生機

本篇文字：許恩婷／攝影：楊志雄

在熱鬧繁榮的信義區中，原為眷村的信義公民會館沒有車水馬龍的繁忙景象，寧靜閒適的氣氛彷如世外桃源。頗具歷史的建築整修過後不再破舊，灰色牆面配上鮮亮顏色的門板和窗框，感覺既懷舊又可愛。

保有過去眷村生活痕跡的「眷村文化館」陳列許多腳踏車、衣物、縫紉機等眷村文物，重現客廳、廚房、臥室的空間擺設，加上懷舊照片、紀錄片等方式重現眷村生活。

逛累了想歇歇腿，還有用舊櫥櫃、老冰箱打造出眷村氛圍的「好丘」。這裡除了好吃的貝果和餐點外，還有販售如熱水瓶、條紋購袋等復古設計的商品，還有茶葉、零食、醬菜等種類眾多的商品，就像一家眷村雜貨店。每逢假日，會館前空地還會舉辦不同主題的市集，不少人都會特地來逛街尋寶，讓寧靜的眷村變得熱鬧生動。

ADD　　台北市信義區松勤街 50 號
TEL　　(02) 2723-7937
OPEN　 09:00~17:00 （週一、國定假日公休）

寶藏巖國際藝術村
山城般的藝文新生地

本篇文字：許恩婷／攝影：楊志雄

在自來水園區附近的小山丘上，寶藏巖國際藝術村的房子都是依山而建、就地取材的違建或眷村房舍。曾因凌亂老舊要被政府拆遷，後來被規劃為藝術村，藝術家們陸續進駐，老舊的聚落因此變身為兼具人文和藝術氣息的社區。

在如迷宮般錯雜的小路中漫步，欣賞排排站的信箱牆、迷你郵務中心、如積木般堆積的房舍、長得像幸運餅乾的裝置藝術，每個轉角都充滿驚奇。

讓人驚奇的還有駐村的迷人小店，像是以尖叫的蝌蚪為名的「尖蚪」，用海報、DM、老風琴、老家具展現出老屋特有的寧靜氛圍。坐在二樓僻靜角落，點杯單品咖啡搭配特濃起士蛋糕，邊享用美味的下午茶邊欣賞窗外河畔景致，肚子餓了還能來碗《深夜食堂》中的貓飯，熱呼呼的白飯混著香噴噴的柴魚、醬油、半熟蛋，簡單的美味讓人不禁一口接一口。

ADD　台北市中正區汀州路三段 230 巷 14 弄 2 號
TEL　(02) 2364-5313
OPEN　11:00 ～ 22:00（展覽僅開放至 18:00，週一休館）
PAGE　www.artistvillage.org

松山文化創意園區
老菸廠的文創新亮點

本篇文字：許恩婷／攝影：楊志雄

鬧中取靜、新舊交融的松山文化創意園區，前身是有七十年歷史、占地廣大的松山菸廠。興建於日治時期的菸廠除了辦公室、廠房、倉庫外，還規劃了宿舍、浴池、醫務室、托兒所，福利良好。

時光變遷,有歷史的老廠房變成藝文展覽場所,擺放香菸的倉庫變成充滿設計感的小賣所與書店;幽幽的菸草氣味變成濃郁的咖啡香氣;坐在廠房中的人不再忙著捲菸,而是啜飲香味醇厚的咖啡,品嘗美味的南瓜湯、紅酒燉牛肉。

逛完充滿歷史感的古蹟,還可以在典雅優美的花園散步,欣賞一旁洗鍊簡潔的建築,或到生態池邊稍作休息,觀賞池中天鵝優美身姿。接著再到造型新穎的誠品生活松菸店逛逛,裡面除了有書店、電影院和表演廳外,還有不少設計師品牌和美食櫃位,好吃又好逛。

ADD　　台北市信義區光復南路 133 號
TEL　　(02) 2765-1388
PAGE　　www.songshanculturalpark.taipei

特別企劃
文創園區與聚落

華山 1914
文化創意產業園區

台北最夯文創基地

本篇文字：許恩婷／攝影：楊志雄

由台北酒廠改建的華山文化創意產業園區，是一處既能欣賞藝術展覽、音樂表演等文化活動，又有氣質藝廊、美味餐廳、特色店鋪的好地方。

日治時期興建的水泥屋舍雖然有點斑駁，但牆面上爬滿的綠色藤蔓又給人一種蓬勃生機；裡面的紅磚建築配上木窗，帶點歐洲舊倉庫的氛圍。

園區中好看、好玩、好吃、好拍的不少，而且隨時都有新鮮有趣的展覽可以遊覽；若想隨意逛逛，有風格獨特的書店好樣思維、販售文創設計商品的 present 提案＋；也可以到光點電影院看場電影。

逛累了想歇歇腳，可在離線咖啡、Fabcafe 點杯飲料，或到小確幸紅茶牛奶合作社買杯奶香濃郁的紅茶牛奶，到大草坪上曬太陽。在華山，待上一整天都不會無聊！

ADD
TEL
PAGE

台北市中正區八德路一段 1 號
(02) 2358-1914
www.huashan1914.com

文青の生活散策

—

PART2

中部

打造一個以文創商店為主的社區聚
落，是不是很浪漫？台中的范特
喜將老屋改建，把「逛街」變得更
有趣了。又如人親土親的苗栗，以
客家傳藝文化結合創意做成獨特商
品。再往南走，到嘉義拜訪像朋友
一樣的老闆，在日式老建築裡觸碰
老物件的記憶，每家小店裡都散發
著閃亮光芒。

苗栗　生活雜貨

—

好客在一起禮品小舖
十三間街上的文創據點

本篇文字：江明麗／攝影：盧大中

以擁有十三棟老屋知名的十三間老街，因為有風格
小館的進駐，成為南庄最有人文味道的角落。在這
股文創風潮裡，二〇一五年成立的「好客在一起禮
品小舖」就是個顯眼亮點。

店主人劉英華在旅行中發現了南庄的迷人特點,於是離開故鄉台中,用她的設計專業,挖掘南庄在地的動人元素。

這裡是劉英華的工作室,也是禮品小物的販賣空間。低矮的平房處處可見木紋芳香,室內面積不大,幾坪的空間有幾張 DIY 小桌,一旁就是擺滿文創商品的陳列架。舉凡陶鈴或禮品小袋、可作圍脖的方巾,每樣都能看出劉英華的設計功力,最值得推薦的是南庄地圖方巾,融入了與南庄有關的圖騰,可以同時當作領巾、餐墊,也能是家裡漂亮掛飾的創作。店內舉辦的 DIY 彩繪活動目前是以陶製品公仔彩繪為主,僅提供小團體報名,時間約二十分鐘,畫好的成品經過高溫燒製後會以郵寄方式送到客人手中,作為旅行的最美紀念。

ADD	苗栗縣南庄鄉中山路 110 號
TEL	0931-505-675
OPEN	10:00 ～ 17:00
	(週一至週五公休,需電話預約)
PAGE	www.facebook.com/hakkabird

▲ 陶鈴的設計造型小巧可愛。

▲ 南庄地圖方巾可當餐墊也能當作掛飾。

苗栗　創意品牌

—

藺草文化館
留住傳統工藝的瞬間

本篇文字：江明麗／攝影：盧大中

民國二〇、三〇年代的台灣社會環境貧苦，當苑裡
阿嬤洪鸞用藺草編出了第一頂草帽之後，這種可以
做榻榻米、草帽的天然織材，從此有了新出路，不
僅成為婦女扛起家中生計的主要來源，苑裡也因此
成了主要以手作藺草商品聞名的鄉鎮。

「藺草文化館」是苑裡鎮農會在二〇〇五年規劃的
一處陳列空間，所在地原是農會山腳辦事處的舊倉
庫，重新整修成一棟兩層樓的水泥建築，用文字、
圖像、舊物與模型，訴説有關藺草的故事。館內面
積約百來坪大小，一樓是文物展示，二樓是餐廳，
館外就是知名的主題稻米彩繪田。

除了帽蓆文化區、農村古文物展示區、民俗文化區
等，館內還特別安排了專業帽蓆編織示範，苑裡阿
嬤們會坐在榻榻米蓆檯上現場編織，讓大家了解藺
草的作用。苑裡的藺草屬於「三角藺」，製作前得
經過繁複工序，才能完成寶貴的手作傳統工藝，能
透氣、可吸水，藺草透過創意也能成為時尚的生活
用品。

ADD	苗栗縣苑裡鎮山腳里彎麗路 99 號
TEL	(037) 741-319
OPEN	09:00 ～ 17:00 （週一公休）

▲ 文化館外的主題稻米彩繪田。

▲ 苑裡阿嬤的現場編織吸引遊客圍觀。

◀ 藺草可製成袋子和戒指等特色商品。

台中　風格老屋

—

宮原眼科
營造華麗圖書館風的輝煌風景
本篇文字：林麗娟／攝影：陳招宗

日出集團的創辦人賴淑芬，多年前開設「日出·大地的乳酪蛋糕」店，之後更名工商登記為「日日出股份有限公司」，也增加了尤杰等股東夥伴。賴淑芬、尤杰的文創展演出色，賴淑芬還曾說：「我不擔心別人模仿，別人不見得學得來。」

回顧「日出」的成功契機，賴淑芬於「宮原眼科」之前，在台灣大道旁所開的乳酪分店，便是以精裝 CD 盒、書盒作商品包裝，賣驚喜也賣創意，另類包裝媒材，在日出集團的「宮原眼科」、「第四信用合作社」店裡觸目皆是。

尤杰回憶起初見「宮原眼科」前身，日據時代宮原武熊醫生的診所時，還以為是個漂亮的鐵路倉庫，可惜年久失修，他認為老房子是城市的記憶，便買下請古蹟修復專家陳公毅和建築師蘇丞斌、楊書河著手修復設計。「宮原眼科」的特色在於扣緊「哈利波特」式書本與閱讀的主題，獨具美感的老宅新店透過網路引爆話題，書香氣息的商品設計、老宅主題的文創行銷，想體驗的朋友不妨來這裡走走。

ADD	台中市中區中山路 20 號
TEL	(04) 2227-1927
OPEN	10:00 ～ 22:00
PAGE	www.miyahara.com.tw

▲ 整修後的「宮原眼科」外觀。

▲ 包裝精緻的「日出米鳳梨酥」。

▲ 老物件是妝點老屋空間的最佳飾品。

台中　生活雜貨

—

上下游基地

小農有機食材的溫馨平台

本篇文字：林麗娟／攝影：陳招宗

二〇一一年成立的「上下游 News & Market」，集合
了一群有共同理想的媒體人，以獨立客觀的立場跑
新聞、深入挖掘食安議題；除了新聞工作，他們也
建立起市集平台提供健康在地的食物，讓小農產品
有機會被看見。

「上下游」的實體店鋪「上下游基地」於二○一四年開張，一樓是店鋪，二樓則是行政辦公室。不少農產品源自記者採訪、接觸時的認同，進一步主動開發為商品。店裡盡可能依循「友善土地的耕作」，價格大致比照有機農產品，可先詳讀包裝說明，符合所需再採購。

「上下游」的招牌產品包含週週現磨的花生醬、本土有機醬油及有機紅薏仁等，人氣商品「回家李」果乾加果糖醬禮盒、中寮鄉溪底遙農場桂圓薑湯等；標榜小農製品的則有謝美麗自然芭樂純果乾等，以及公平貿易區的有機咖哩粉、辣椒粉也很不錯。店鋪裡和網路平台上也販賣一些文創商品，如台灣好食紙膠帶、美濃客家民俗植物誌、黑潮鬼頭刀繪本及明信片等等。

ADD	台中市西區五權西二街 100 號
TEL	(04) 2378-3835
OPEN	10:00 ～ 18:00（週日公休）
PAGE	www.newsmarket.com.tw/shop

▲ 各種口味的手作果醬任挑任選。

▲ 上下游的招牌在門外招攬客人。

▼ 除了有機農產品，店內還有販售文創小物。

台中　創意品牌

—

茶米店

深夜飄香的無菜單茶館

本篇文字：林麗娟／攝影：陳招宗

台灣話稱揉捻後如同米粒的茶葉為「茶米」，有著
復古親切店名的「茶米店」招牌不醒目，但透過玻
璃窗門就能看到裡面的榻榻米茶席、桌椅。回想開
店以前，原本從事紅酒行業的店主人藍大誠忖著，
茶是比起咖啡、紅酒歷史悠久且更具文化深度的飲

品，眼看「工夫茶」很難推廣到時下年輕人生活中，也難敵人工化學製成的罐裝茶飲。於是，藍大誠決定回家向大半輩子都在推廣台灣茶的父親從頭學焙茶，與原是泡茶師的妻子賴郁文投入傳統化茶藝、現代化行銷的行列。

在「茶米店」不僅喝得到製作過程要求很高、享譽國際的紅水烏龍（傳統凍頂烏龍），店內的茶葉也和名間鄉赤水村的優等茶農契作，包括杉林溪、阿里山、梨山、大禹嶺的高山茶，還有蜜香烏龍、炭焙貴妃美人、金萱紅茶……，加上花草茶的乾燥茶包等，選擇多元，紙包裝既環保又富文創意境。這裡也不定期舉辦茶藝、製茶、手染布等課程，邀請來客將茶藝茶香融入生活。

ADD	台中市北區太原北路 208 號
TEL	(04) 2298-5006
OPEN	週五 21:00 ~ 24:00
	(僅此時段固定開放，其他時間需預約)
PAGE	www.charmingchoice.com.tw

▲ 茶葉包裝以藍大誠兄長的木刻畫作設計而成。

▼ 店內的空間裝潢帶有復古氣息。

▲ 茶罐的包裝設計簡潔好看。

—

魚麗人文書店
小巷內蘊藏著女性的溫柔堅定

本篇文字：林麗娟／攝影：陳招宗

從午餐起算的時光，一屋子總是婆婆媽媽，幾乎很
難看得到男性顧客，事實上，這裡正是一個庇護女
性的所在，自從二〇〇六年創業，女主人蘇紋雯將
書店和食堂複合在整個獨棟店面，空氣中散發著一
股溫暖的力量。

對於遭遇家暴、性侵、失婚等實際困境的女性，提供協助、陪伴、諮詢，表面上看來，「魚麗」像是社區芳鄰型的書店、小館，但關懷不幸女性的自強力量與獨立精神，才是它存在的核心價值。

除了店裡陳列許多蘊含自覺自助女性議題的書籍，店內的另一區就是用好食材變化出好菜的食堂，口感適中的白米飯選用竹東的建國百年優選冠軍米，不會太Q、過於香甜或濕潤，恰恰好就是大地採收後的天然稻香，搭配來自南投的古早味醬筍炒龍鬚菜、濃香爽嫩的芝麻香醋杏鮑菇，不僅讓人還想再嘗幾口，於是，帶著八分飽的回憶離去吧！下次再來，來支持這個為女性伸出援手的小屋。

ADD	台中市西區民權路 177 巷 1 號 1 樓
TEL	(04) 2225-9811
OPEN	11:50 ～ 21:00（週三公休）
PAGE	www.facebook.com/shoal.epc

▲ 店內也有販售手工香皂。

▲ 食堂的料理選用優質食材製作。

▲ 筆袋、手機套等布作商品色彩繽紛。

台中　創意品牌

—

百二歲
茶農子弟玩出健康新茶食

本篇文字：林麗娟／攝影：陳招宗

「百二歲」除了寄語「身體健康，呷到百二歲」的
吉祥意，產品其實很「潮」，店主人李鎮嶺是茶農
世家的第五代，二〇〇九年創立「百二歲」品牌，
希望翻轉茶的刻板印象，變成可以吃得多元的「下
午茶」，包括茶飲、茶冰淇淋等等。

店內的茶飲堅守茶文化理念，凍頂烏龍拿鐵、日月潭紅茶拿鐵的材料是低溫研磨茶粉加紐西蘭奶粉、蔗糖混合而成，可以沖泡為熱飲，或用溫水沖勻後冷藏，但也能一匙匙餵進嘴，如同台灣話的「喫茶」一樣。

李鎮嶺也為另一項主力商品冰淇淋申請了具有古早台味的品牌名稱「茶吧噗」，他自行研發出使用當季採收的台灣茶來製作產品，除了通過 SGS 檢驗合格、無農藥殘留，亦不添加防腐劑、人工香料及色素，更啟用減糖配方及獨特製程技術，以求能嘗到原味茶香。「百二歲」現有茗茶產品包含了紅茶、烏龍茶、四季春、金萱，而「茶吧噗」冰淇淋依茶種區分有凍頂烏龍、日月潭紅茶、東方美人、宇治抹茶等多種口味的冰淇淋。

ADD 台中市西區博館路 210 號
TEL (04) 2314-8259
OPEN 10:00 ～ 18:00 （週一公休）
PAGE www.eatea120.com.tw

▲ 茶吧噗的包裝設計搶眼惹人愛。　▲ 手工茶皂禮盒有多種口味。

台中　獨立書店

—

一本書店

紛擾世代裡找回人與書的緣份

本篇文字：林麗娟／攝影：陳招宗

沿著被稱作「消失的老綠川」河溝，有家門面不大、
不起眼的「一本書店」，住在附近的店主夫妻，於
二〇一四年開了這家書店，不求賺錢，只為實現「生
活裡有書香」的夢想。

書店裡的書當然不只一本，大部分是新書，有少部分二手書甚至是絕版書，全都是由店主人挑選而包羅陳列，就像個尋寶基地一樣。店主人也會參與「綠川市集」等舊城活動，每月舉辦至少一場活動，吸引同好聚集，而附近居民也是潛在消費者，小朋友更可以到店裡買書、閱讀。

來到「一本書店」，除了充實心靈，也是能夠嘗些簡單餐點的，店主人在和「上下游」食材店合作以外，也常視活動調整菜色，例如某一頓午餐是小章魚乾滷肉、滷紅蘿蔔昆布卷、金瓜雜煮、海帶鮮蛤湯，而另一天就變成交趾田樂烤豆腐、輕滷福袋、高湯漬茄子、油醋甜椒南瓜、金針菇菇湯，因為店裡沒有電話，想享用午餐最好先透過 FB 私訊預約。

ADD	台中市南區復興路三段 348 巷 2-2 號 1 樓
OPEN	12:00 ～ 17:00 （週一、二公休）
PAGE	www.facebook.com/www.abook.tw

▼ 窗邊的位置有陽光灑落，看書止好。

▲ 木製招牌增添了溫暖平和的感覺。

▶ 店內甜點常見蘋果派或傳統布丁。

台中　創意品牌

—

FYE 法樂齊
引領時尚的 MIT 環保休閒鞋

本篇文字：林麗娟／攝影：陳招宗

年輕時從事貿易工作的吳盛秦，從開發生產技術工
一直做到品牌協理，後來辭職獨資創業，二〇一〇
年他與認識多年的代理商 Emmanuel Cortez 創辦 For
Your Earth 品牌（簡稱 FYE），由 Emmanuel 領導法
國設計團隊，做出時尚且友善環境的環保休閒鞋。

FYE 的鞋體嚴選有機耕種棉花、混合保特瓶回收再製成的合成纖維，製成彷麂皮材質的有色面料；鞋底、鞋墊材質則有 50% 是利用再回收鞋攪碎材料，加上 25% 天然橡膠、25% 合成橡膠混合製成，使用無毒水性膠水和無毒染料也降低對足部肌膚的刺激，既符合時尚風格也愛護地球。

FYE 也積極結合文創，除了東方龍圖騰，更把本土藝術家楊鼎獻的油彩繪圖如台灣原生種鳳蝶、紫斑蝶圖騰展現在鞋上，另也設計了桐花等在地特色圖案，搭配「本真一衣」品牌走秀，聚焦環保時尚，鞋品還在亞洲設計商品購物網站「Pinkoi」上展售，年輕人也願意買單。值得一提的是，FYE 沒花大錢行銷，只在網站上、專賣店賣鞋，還默默舉辦為偏鄉小學送鞋的公益活動。

ADD	台中市西區中興街 239 號
TEL	(04) 2326-2729
OPEN	13:30 ～ 21:30（週一公休）
PAGE	www.foryourearth.com.tw

▲ 以台灣原生種鳳蝶和紫斑蝶為靈感創作的鞋款。

▶ 店內商品陳設營造了 MIT 的嶄新形象。

台中　創意品牌

—

Wide Harbor 真皮工坊
牛皮包與愛心皆如假包換

本篇文字：林麗娟／攝影：陳招宗

三百九十九元真能買到純牛皮的手提包？觀博股份有限公司負責人李政遠長期在大陸深圳一帶經營皮革廠，打拚多年後仍希望能夠設計販賣屬於自己品牌的皮包。

李政遠熟悉牛皮的材質，深感每件牛皮都代表著一個生命，眼看有些牛皮材質絕佳，進了名牌的代工廠，卻因為小缺陷就廢棄整張牛皮，因而他決定創設「Wide Harbor 真皮工坊」，銷售自然真實的皮包，價錢數百元到數千元不等，造型、設計依然時髦美麗，更彰顯了對生命的尊重，他同時也抱持回饋的理念，闢出愛心皮包區，讓客人買包還能做公益。

店內的提包強調不過度遮掩原皮所留下的痕跡與紋路，保留原皮的毛細孔，堪稱是會透氣的包包。不使用重塗料遮掩，而是以較天然環保的植物苯染藥水，保留皮質原有的觸感與痕跡。店裡除了皮包、皮夾、零錢包、鑰匙圈，還有皮件筆記本、小飾品，以及其他廠商寄售的皮鞋、皮靴等。

ADD	台中市西區美村路一段 117 巷 20-2 號
TEL	(04) 2328-0786
OPEN	週一 09:00 ～ 18:00
	週二至週五 09:00 ～ 21:00
	週六、日 13:00 ～ 21:00
PAGE	www.faccbook.com/Wide-Harbor 真皮工坊 -459973044059511

▲ 店內也有皮靴、皮鞋可供客人挑選。

▲ 真皮皮包保留了原皮的毛細孔和紋路。

嘉義　創意品牌

—

二魚・老玩藝兒
二手和服變身高雅古典包

本篇文字：江明麗／攝影：何忠誠

「二魚」是嘉義老字號的手創設計藝品店鋪，自年輕時就瘋狂迷戀老物的設計師兼老闆娘黃培宜，擅長編織、珠寶設計、金工等手創藝品，而老公張兆鳴專注在骨董茶壺以及茶葉的收藏。

夫妻倆在嘉義市東洋新村的店面營運超過二十年，後來將據點遷移到「檜意森活村」園區內。屋齡數十年的和風老宅，空間被一分為二，黃培宜的作品占絕大部分，張兆鳴的古物寶貝則歸納在一個包廂似的小空間。

黃培宜身懷數種設計職能，對於創作的敏感度很高，但她最迷戀的是日本和服、浴衣的布織手法，家裡收藏了近四百套日本傳統服飾。她將這些二手衣布料重新設計成優雅的方包、皮夾、手提包或後背包等，成為「二魚」的主打商品，店裡的商品陳列架、櫃檯也是夫妻倆的珍貴收藏，來此便能感受迷人、濃厚的和風時代。「二魚」也在北門街開設了新的店面，歡迎喜愛老物的朋友上門拜訪。

ADD	嘉義市東區林森東路 1 號 （檜意森活村－ T25B 館）
TEL	(05) 276-1601#2252、0952-767-531
OPEN	10:00 ～ 18:00
PAGE	www.facebook.com/twofish.design

▲ 多款花色的皮夾、手機套和零錢包。

▲ 以日本和服製成的方包上可見布料的經典細緻織法。

▼ 用二手布料重新設計而成的手提包是人氣商品。

—

龍鳳祥交趾陶藝術

檜木老屋裡賞大師級手藝

本篇文字：江明麗／攝影：何忠誠

提到嘉義的交趾陶藝術家，內行人都聽過呂勝南及呂世仁兄弟的名號。他們在機緣下跟著廟宇工藝大師投身創作，「龍鳳祥交趾陶藝術」就是他們所設立的品牌。隨著「檜意森活村」的設立，龍鳳祥的分館也進駐園區的老房子。

位在老檜町的店鋪小巧溫馨，老屋原是提供給日本基層員工的住所，推開古色古香的木門，像走入隱於市的藏寶閣，店內不少老古董，譬如以前做生意的櫃檯桌、菜櫥，老式收音機與古早飯桌等五十年以上歷史的古物。

呂勝南老師的作品──七彩的水月觀音坐鎮屋中央，法相莊嚴，令人震懾。此地也提供給其他陶藝創作者展示與銷售，尤其願意給素人創作者機會，像是一位台北創作者的文創陶燒品，充滿童趣、鄉土味的小型陶器，展出時很受遊客們青睞。青花瓷藝術家楊莉莉也曾在此展示馬克杯、不鏽鋼杯與茶杯具組等青花瓷創作，十分獨特，便是傳統藝術融入生活領域的最佳證明。

ADD	嘉義市東區林森東路 1 號（檜意森活村─ T02D 館）
TEL	(05) 276-1601#2024
OPEN	10:00 ～ 18:00
PAGE	www.facebook.com/JiaoZhiTao

▲ 呂勝南老師的交趾陶作品「水月觀音」。

▲ 以青花瓷製成的釘書機，也是藝術家楊莉莉的作品。

▲ 充滿童趣、有著獨特風格的文創陶燒品。

嘉義　創意品牌

—

並木館
呈現檜木工藝的時尚與時代感

本篇文字：江明麗／攝影：何忠誠

「並木館」開設在「檜意森活村」園區內，所在的
老屋早年是中高階職員的住屋，拆掉了拉門隔間，
老住宅成為商品展鋪，因空間寬敞，並木館進駐了
數個木藝品牌，包括一郎木創、明昇木業以及匠藏
工坊等，展示了令人驚喜的創意木質商品。

「一郎木創」是嘉義老字號「廣昇木材」的自創品牌，主要專注於日本檜木的開發，強調以無垢工序製法保留木材原有的香氣和溫潤觸感，代表性產品「立蕊時尚砧板」好清理，檜木香氣經久不散且不易留下刀痕，「心持 LED 木時計」也很受歡迎。

「匠藏工坊」的作品則符合上班族的需求，主推綠能環保竹材，善用台灣的孟宗竹製作出竹節竹名片夾、竹節簡書與竹節賞茶則等商品。最經典的就是「蘭堂創意」的〇✕原木設計杯組禮盒，發想自井字遊戲，這也是一套竹材與陶器製成的茶杯具組，同樣受到大眾的喜愛。

ADD	嘉義市東區林森東路 1 號 （檜意森活村— T08 館）
TEL	(05) 276-1601#2082
OPEN	09:00 ～ 18:00
PAGE	www.facebook.com/ 檜意森活村 - 並木館 -848877628488223

▲「〇✕原木設計杯組禮盒」發想自井字遊戲。

▲ 以台灣孟宗竹製成的「竹節竹名片夾」。

嘉義　創意品牌

—

木晨良行
DIY 體驗貴金屬的迷人之處

本篇文字：江明麗／攝影：何忠誠

以貴金屬珠寶設計商品為主，總公司在台北，選擇
落腳嘉義是為了讓金工藝術能受到更多喜愛，「木
晨良行」位在「檜意森活村」內的據點，是由職人
設計師 Sara 與其夫婿林文彬共同經營。

店鋪建築是園區裡等級稍高的主管宿舍老房，屋後有一棵百年芒果樹，Sara 說，這些土芒果證明了老屋曾有的歷史，有趣的是，經營期間恰巧真的遇到當年居住在此、親手種下芒果樹的老奶奶。

早在百年前就有國際設計者將編織手法融入金屬製作，歷經至少十五道工序，讓創作品更加難得。編織銀手鍊既時尚又古典，使用昂貴的歐洲銀原料製作，非常受歡迎。為傳統飾品帶來新變革也是「木晨良行」的特色，設計師們跳脫中國人喜愛金飾的制式框架，改用銀質材呈現，讓飾品更添風尚。這裡的手作教學課程，規劃專業的工作檯，備齊工具，讓訪客親自感受貴金屬的迷人觸感，留下難忘回憶。

ADD	嘉義市東區林森東路 1 號
	（檜意森活村─ T18 館）
TEL	(05) 276-1601#2182，0976 400-729
OPEN	10:00 ～ 18:00（週一公休）
PAGE	www.facebook.com/ 木晨良
	行 -1490781007843094

▲ 將中國人喜愛的金鎖飾品改用銀材料製作，跳脫制式框架。

▲ 店內的木作透明展示櫃更能襯托金工作品的質感。

▲「編織銀手鍊」是店內的人氣商品。

—

好物生活風格販賣所
讓家更自在的雜貨購買據點

本篇文字：江明麗／攝影：高建芳

只要是雜貨控，一踏進「好物生活風格販賣所」，大概只會用「好可愛」乘以 N 遍的跳針行為，來表達對「好物」的喜愛。老闆「瑪靡」是位氣質優雅的年輕媽媽，嘉義的業者都習慣叫她「媽迷」，乍聽之下還以為她是位親切溫暖的老媽媽。

瑪靡的專長是空間規劃，她挑選一間近五十年歷史的透天厝作為店址，外觀是連棟的水泥建築，內部則是上下層的挑高商鋪，中間隔層還是木造材質，很有復古日本味。

鍋碗瓢盆是「好物」主打的商品，另也有手作乾燥花、素人創作飾品以及服飾等。這裡也有不少外國商品，包括日本品牌「柳宗理」不鏽鋼系列餐具、「ALAW NORDICA」的琺瑯手沖壺、牛奶鍋、保冷手提箱等，還有澳洲「Yum Yum 好食系列」的竹製餐具等等，其中琺瑯材質的餐具是瑪靡的最愛之一。這裡就像個可以把家裡妝點得更溫馨、自然的採買寶庫，雜貨控絕對不能錯過！

ADD	嘉義市東區延平街 215 號
TEL	(05) 225-2522
OPEN	14:00 ～ 21:00（週二、六公休）
PAGE	www.facebook.com/haowu.allgoods

▼ 一踏入店內就能看到琳瑯滿目的可愛雜貨。

▲ 各式各樣的餐具是店內主打商品。

▲ 異國風的小物也非常吸睛。

特 別 企 劃
文創園區與聚落

苗栗客家文化園區
吸引八百萬人潮的魅力

本篇文字：江明麗／攝影：盧大中

二〇一六年三月，苗栗客家文化園區迎來了它的第八百萬名遊客，顛覆了一般人對靜態展示館的制式印象。苗栗客家文化園區是客委會繼六堆園區後，再度打造的客家文化園地，園區坐落在銅鑼科學園區裡，占地四公頃多，設計者撇開以傳統建材或格局的思維，打造展示空間。

從空中鳥瞰，主建物是一棟半圓建築規格，前方戶外區按照地勢用階梯設計了梯田景致，由此可行走玻璃空橋進入主館場，後方特設的水池擷取客家庄特有的半月池所打造，連結周遭的綠意風光，散發出清爽舒適感，而二〇一五年完成的「好客公園」，種植了桐樹、相思樹與苦楝樹，在花季時節憑添不少璀璨景致。

主展場是一棟地上二層，地下一層的空間，建材使用大量的綠能設備，包括能引進大量光源與散發熱氣的雙層玻璃帷幕，以及隔熱節能的屋頂。一樓多是主題特展，包括有全球館、台灣館、兒童館與文創館等幾大展廳，隨時都有新穎的活動展出，二樓則規劃為常設展廳與紀念品店。

ADD　　苗栗縣銅鑼鄉九湖村銅科南路 6 號
TEL　　(037) 985-558
OPEN　　09:00 ～ 17:00（週一公休）
PAGE　　thcdc.hakka.gov.tw

特別企劃
文創園區與聚落

范特喜微創文化

老屋改造進駐文創力

本篇文字：林麗娟／攝影：陳招宗

在台中市草悟道周邊的小巷，聚集了許多老房子。「范特喜微創文化」總經理鍾俊彥將老屋重新規劃改裝，二〇一一年開始陸續創造出二十家以上的文創小店，形成一個具有獨特魅力的街區。

「新手書店」便是范特喜旗下創業的九號店，書店內部很有店主人鄭

宇庭的個人風格,大片玻璃窗不定期張貼藝術文學的宣傳海報,經過改造後的木箱盒堆疊成書架,全放著他喜愛的新書、藏書,還有些文物舊作的擺設。

范特喜的另一家店,「自由人藝術公寓」,是從共同工作辦公室延伸出來的寓所型態,還未成名的藝術家為了省錢,匯聚在此生活、創作,這裡是工作室,也是發表作品的展演空間。

五號店「Elephant 花.草鋪」則是會接受小花束、小盆栽的設計委託,也可幫顧客綠化陽台空間。二〇一三年范特喜改造自來水公司的老宿舍,將其取名為「綠光計畫」,各式特色小店陸續進駐,成為以藝術文創為主軸的聚落,小小一條巷子,便積累了許多文創能量。

新手書店
ADD　台中市西區向上北路 129 號
TEL　0983-388-052
OPEN　12:00 ～ 22:00
PAGE　www.facebook.com/bookstoreforbeginners

自由人藝術公寓
ADD　台中市北區五權路 594 號
TEL　0987-444-957
OPEN　13:00 ～ 21:00（週一、二公休）
PAGE　art.freedom-men.com

Elephant 花.草鋪
ADD　台中市西區美村路一段 117 巷 13 號
TEL　0980-552-528
OPEN　12:00 ～ 20:00（週一公休）
PAGE　www.facebook.com/elephant.plants

范特喜綠光計畫
ADD　台中市西區中興一巷 2-26 號
TEL　(04) 2301-6717
PAGE　www.facebook.com/GreenRay.2013

特 別 企 劃
文創園區與聚落

新港交趾剪黏藝術村

用藝術重新尋回觀光客

本篇文字：江明麗／攝影：何忠誠

「相信火車ㄟ轉來」，這是板頭厝車站外設的標語，也是板頭村居民對家鄉發展的期望，把村莊打造成藝術村。

當都市人忙著低頭滑手機，遠在嘉義新港鄉的板頭村卻有一群小孩爬牆、放羊，忙著在稻田間奔跑，這群孩子表情逗

趣、姿態可愛，吸引了旅客目光，其實這正是當地的交趾陶藝術作品。「舊河道」是版畫家黃水水先生的工作室，從北港遷移到板頭村後，豐富了當地的藝文元素，他同時也是「板頭阿兄」涼水店的老闆，當大家揮汗欣賞板畫藝術的同時，適時遞上一碗冰涼甜品，非常貼心。

板頭厝車站在二〇〇八年按舊址重建而成，站體不大，一幢四方木造屋靜靜矗立在鐵道旁，不遠處可見一群牛拖著犁與牛車，這是藝術家用馬賽克磚創造的農村景象。「原鄉四季苦楝樹」是這條藝術路線很具代表性的一幅戶外大型作品，特別聘請九位藝術家設計，歷時一年多才完成，苦楝樹高三十一公尺、寬五公尺，用了數萬個碗片、酒甕與交趾陶製作，來到這裡也別錯過了。

ADD　嘉義縣新港鄉板頭村
TEL　0938-612-605 (板頭阿兄)
OPEN　11:00 ～ 17:00

特 別 企 劃
文創園區與聚落

檜意森活村
全台最大日式建築老屋群

本篇文字：江明麗／攝影：何忠誠

現在還能完整看到一大片純檜木建造的日式老屋是幸福的，「檜意森活村」的出現，不僅僅提供人們旅遊觀光，而是重領大家回到質樸優閒的年代。這裡以前叫作「檜町」，是日治時期為了林業開採集散所打造的官舍區，二十八棟檜木老屋與兩棟水泥老房

重現了當年日本宿舍的樣貌，林森東路將其一分為二，一邊是檜木老屋區，一邊是農業精品館特產區。最靠近林森東路是當年的基層員工宿舍，格局較為簡單，往內側依序是高級職員以及所長官舍，透過空間大小可以了解每棟建築當時居住者的階級位置。

「檜意森活村」全區占地約三點四公頃，其中的商家包括 morikoohii 森咖啡、木晨良行、二魚‧老玩藝兒、活泉人文茶坊等，都是嘉義很有特色的業者，也有當地知名連鎖品牌如旺萊山和福義軒；幾棟較大的官舍當作展示館，像是玩具博物館、皇家西洋館。對嘉義人來說，這裡代表著歷史，也是一處值得向朋友推薦的旅遊點。

ADD　　嘉義市東區林森東路 1 號
TEL　　(05) 276-1601
OPEN　 10:00 ～ 18:00
PAGE　 www.hinokivillage.com.tw

文青の生活散策

一

PART 3

南部

二〇一〇年的縣市合併，不只增加了台南與高雄的面積，更讓其各具特色的文化影響力，一併得到了昇華。這也使引領老屋活化風潮的古都，與長年咀嚼國際文化的大港，更加關切自己生長的土地，以及孕育城市的歷史脈絡，造就出持續在新舊之間探索、追尋的文創產業。

台南　生活雜貨

—

iLife Design
傳遞生活中的微小幸福

本篇文字：凌予／攝影：蔡淞雨

府中街上，矗立著一棟二層樓舊式洋樓，屋前一棵
老楊桃樹，高齡八十有餘，在晨間陽光的照耀下，
依舊青翠奕奕，這裡，就是「iLife Design」。iLife
希望能從生活尋找素材與靈感，創造富樂趣的手感
禮物。

比如為上班族貼心打點「幸福樹留言插座」，小綠樹的造型，還附上瓢蟲、蘑菇、紅心造型針組，放在桌上有留言功能，能為辦公室增添活潑與賞心悅目的綠意；還有「老台南系列」存錢筒、香皂等，都是作為台南媳婦的店主人，愛上在地文化後所想到的生活創意。這些源自於生活的設計商品，除了讓人得到視覺美感上的享受，更能體會到手工製造的溫馨與觸感。

iLife 採複合式經營，假日提供輕食茶點，二樓則作為展覽空間或手作教室，不定期推出手染、編織、木湯匙與佳節應景手作物教學。

ADD	台南市中西區府中街 136 號
TEL	(06) 221-8072
OPEN	平日 11:30 ～ 19:00 （週二公休）
	假日 11:00 ～ 19:00
PAGE	www.ilife.com.tw

▲ 想要做一把自己的木湯匙嗎？別忘了關注店家提供的課程資訊。

▼ 店內空間溫暖明亮，自有一股幸福氛圍。

▲ 假日也提供輕食茶點，讓你能在庭院的老樹下享受閒散的樂趣。

台南　生活雜貨

—

OOuuu \ 兩眼一起
文具迷的異想世界

本篇文字、攝影：凌予

愛因斯坦說：「我們所能經歷的最美好的事情是神祕，它是所有真正的藝術和科學的源泉。」而這正是兩眼一起工作室創立的宗旨。

工作室的設計作品以桌面文具為主，也收集經典的
生活用品。設計師們認為「文具」與「書刊」之間，
存在著一種「不可切割」的關聯性，因而鎖定紙與
文具為主要目標，以充滿實驗性的精神開發系列商
品；同時，也尋覓國際經典文具商品並平行輸入。
許多結合視覺與創意發想的生活相關用具，如插座、
桌櫃、便利貼等等，在這裡都可發現。

「兩眼一起」即是年輕文創者將多種生活與文具用
品拿來做自我實驗的開始，經過創意激盪，最後會
呈現作品的產出與集結，人們將因此看到更多饒富
趣味和意義的質感文具！

ADD	台南市中西區開山路 118 號 3 樓
TEI	(06) 221-0356
OPEN	13:00 ～ 20:00 (週三公休，週四不定休)
PAGE	www.facebook.com/oouuubrand

▲ 除了自家的設計外，這裡也販售
店家的私房選物。

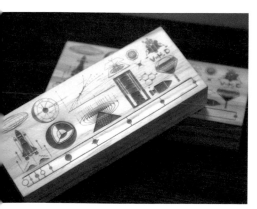

▲ 小宇宙木製筆盒，是兩眼一起的第一款鉛筆盒作品。

台南　創意品牌

—

廣富號手製帆布包
每個布包都裝著無法複製的故事

本篇文字、攝影：凌予

手製帆布包是台南府城的傳統手工藝之一。十幾年
前，台灣布包傳統代工市場逐漸被大陸取代，為了
工廠員工的生計，「廣富號」擔起了使命，為這項
傳統工藝注入新的源頭活水。

在這裡，你可以聆聽到在地產業想要保護台灣這塊土地，以及想要傳承在地文化的各種精彩故事。像是藉由台灣保育類動物圖案及附加的文字介紹，讓外國人及年輕一代更了解台灣土地的美麗故事，或是嚴格挑選合作工廠，不讓黑心電鍍工廠有機會汙染台灣。

店內牆上與櫃子上更擺置著各種不同款式與豐富色彩的帆布包，每個包包都述說著一個設計概念與故事。像是上頭有一隻老虎圖案的白色書包，就是李安導演在台拍攝《少年 Pi 的奇幻漂流》時，特意訂製送給工作人員的紀念禮物！

ADD	台南市中西區忠義路二段 78 號
TEL	(06) 221-6123
OPEN	11:00 ～ 21:00
PAGE	www.gfh1995.com
	www.facebook.com/118575574869642

▲ 廣受歡迎的校園小書包。

▲ 北港朝天宮的特製款。

▲ 劍獅系列的滿福帆布包，Q 版的傳統圖騰相當討喜。

台南　風格老屋

—

慢慢鳩生活木作

以木為詩，生木作活

本篇文字／凌予／攝影：黃建翔

棲息在神農街的「慢慢鳩」，結合木工工作室及食堂的經營型態，前面是餐廳，後頭是劉烽木工工作室。木工工作室接受課程預約，初期先學習榫接小板凳，然後可以挑選一樣生活用具來試作，比如製

作床頭燈，並在劉師傅指導下慢慢體驗、完成創作。

「鳩」原指一種木工的鳩尾榫造型，劉烽給「慢慢鳩」賦予以下意涵：「希望在這個由機械製造、方便快速的年代裡，仍能延續、傳承千年的榫接工藝」。他想做出不同於工業量產的物件，只接少量的訂單慢慢做出質感，這也是他一貫的原則。

這裡是一個蒐集浮光掠影的好地方，適合獨自或與二、三個貼心朋友，慢慢坐一上午或下午，透過那一整面舊木門、木窗，看著老屋木門窗外的過往行人，在不同的時間追逐光與影的遊戲。

ADD　　｜　台南市中西區神農街 76 號
TEL　　｜　(06) 221-5795
OPEN　｜　11:00 ～ 21:00 （週四公休）
PAGE　｜　dovetail.com.tw
　　　　　www.facebook.com/DoveTail76

▲ 店內陳列的陶器是陳恭誠老師的精心之作。

▲ 來這裡除了學木工、賞陶器外，也可以享用健康的瑜珈素食。

▶ 工作室裡，來上課的學生都聚精會神的聽劉師傅的解說。

台南　創意品牌

—

la yoo 來喲
打造屬於台灣的 LV

本篇文字：凌予／攝影：蔡淞雨

la yoo 這個充滿個性美又帶著本土元素的品牌，是由
設計師徐家柔（暱稱 Ayo）以及電影導演盧泓（暱稱
Looloo）攜手創作，兩人在從北部搬到台南定居，想
以府城為據點，將品牌設計擴伸出國際。

來到 la yoo，裡頭每個包包都展現繽紛亮眼的外型及色彩，叫人愛不釋手。最為知名的「台南孔廟包」，是 la yoo 的得獎作品，有柚香綠、孔廟磚紅、櫻花粉紅等款式。值得推薦的還有採用真皮及帆布製作的小旅行系列，為旅行時所需攜帶的各種重要證件及物品，層層妥善、安全地區隔了裝置的空間，尤其適合愛旅行的背包客。

la yoo 具獨特美感的包款，不僅受到國內朋友喜愛，透過國外媒體報導曝光之後，也令許多國外人士極為驚豔，包括來自香港、匈牙利、美國、英國、日本等國的朋友，都紛紛慕名來到府城，尋找這擄獲他們視線與心靈的美麗。

ADD	台南市中西區民權路一段 182 號
TEL	(06) 221-5937
OPEN	12:00 ～ 18:00（週二、三公休）
PAGE	www.layoobag.com
	www.facebook.com/layoobag

▲ 店內包款繁多，且各具設計特色。

▲ 結合了孔廟建築意象與普普風花布的招牌孔廟包。
（圖片提供：la yoo 來喲）

台南　生活雜貨

—

千畦種籽館

生命的起源以另類形式綻放

本篇文字：凌予／攝影：蔡淞雨

尋訪千畦種籽館，得穿越狹窄的巷弄，迷路探險一
番，往綠意盎然的一塊突起高地覓去便是。

千畦的主人是熱愛植物的梁崑將一家人。二十多年
前，梁崑將買下老房子，用最簡單的方式修整，讓

植物於庭中恣意生長。在這個工作室裡，陳列著梁崑將四處蒐羅來的四百多種種子，以及他的妻子趙英伶以植物為材料的手作文創作品。

在梁老師的導覽下，可以聽到樹幹裡從土壤汲取水分的自然天籟，欣賞用種子創作成的藝術品，還有利用種子製作精美的手環、耳飾、髮夾，天然唇膏、洗浴手工皂及艾草、薰衣草製的線香與塔香等。

若是你口渴了，不妨來品嘗幾口純露，這是整株植物經蒸餾之後，過濾掉雜質所萃取出的大自然精釀，又稱花水。在這裡，人的身體與心靈，皆浸浴在大自然的奧妙之中，徹底放鬆了。

ADD	台南市北區東豐路 451 巷 29 之 1 號
TEL	(06) 236-0035
OPEN	09:30 ～ 12:00 ／ 13:00 ～ 17:30
	(需電話預約導覽)
PAGE	www.facebook.com/QianQiZhongZiGuan

▲ 靜心聆聽，掌葉蘋婆厚實的樹幹裡，有水流動的聲音喔！

▲ 裝在錐形瓶中培育的種子。

▲ 架上陳列了各式用種子製成的工藝品。

台南　風格老屋

—

林百貨
府城文創百貨地標

本篇文字：凌予／攝影：蔡淞雨

「林百貨」（ハヤシ百貨店）是由日本山口縣人林
方一創立，建於日治昭和七年，坐落在府城第一條
經過整體規劃的市街──末廣町，它是府城的流行
趨勢從和風走向歐式的象徵，但二次大戰時受到轟
炸波及而歇業。

上個世紀末，林百貨成為市定古蹟，其修復工程也被市府列為重大文化旗艦計畫。在眾所矚目與期許下，終於在二〇一三年重新開幕！透過在地文創產業的進駐，成功將林百貨打造成獨一無二、最具台南味的文創百貨公司，重現了舊空間場域的活力與價值。

台南人俗稱為「五層樓仔」的林百貨，其實有六層樓，如今一至六樓分別規劃六大主題，除了各類文創與設計品牌外，也有日常生活小舖與摩登咖啡店；六樓更保留日治時期留下的稻荷神社、鳥居及美軍轟炸遺跡，供民眾駐足觀賞。漫步在林百貨之中，必能同時感受其舊時風華與現代的文創結晶。

ADD	台南市中西區忠義路二段 63 號
TEL	(06) 221-3000
OPEN	11:00 ～ 22:00
PAGE	www.hayashi.com.tw
	www.facebook.com/HAYASHI.TW

▲ 頂樓的鳥居，是日治時期殘存至今的遺跡。

▲ 傍晚的林百貨在燈光加持下，顯得別有一番風情。

高雄　創意品牌

—

時尚之丘
環保玉米食器主題商店

本篇文字：江明麗／攝影：盧大中

綠色意識抬頭，環保餐具大行其道，在時尚之丘可
以看到台灣文創商品的獨特性，也驚訝於台灣年輕
人想要對地球貢獻的一份心力。

橋頭糖廠內的宿舍空間在重新改裝之後，成為一間具有主題特色的文創商店，其中以玉米環保餐具為販賣重點的時尚之丘複合式餐館與賣店，是糖廠內人氣很高的景點。

時尚之丘是由一群年輕人成立的據點，主要陳列以玉米澱粉樹脂製作的環保餐具，不僅造型可愛，顏色也多彩繽紛，包括流星錘攪拌棒、鯊魚造型餐刀還有鯨魚親子杯等，用圖文介紹了玉米食器的製作過程，很受少女們與親子團體的喜愛。除了玉米餐具之外，還販售造型獨具的 Q 版狗狗喇叭與青蛙造型的音響，是一處可以淘寶的文創商品店。

ADD	高雄市橋頭區球場路 3 巷 1 號
TEL	(07) 611 5532
OPEN	10:00 ～ 17:30
PAGE	www.facebook.com/voguehills

▲ 附近的「恋の鉄道」充滿主題裝飾，饒富趣味。

▲ 店門外的風車五顏六色，相當繽紛。

高雄　創意品牌

—

三和瓦窯
走出新路線的磚瓦文創商品

本篇文字：江明麗／攝影：盧大中

三和瓦窯在一九一三年成立，最早叫作順安號煉瓦廠、源順安煉瓦廠，以生產土角磚、紅磚、屋瓦為主。這座被列為市定古蹟的百年窯廠，至今仍憑藉古老手藝與專業設備，循古法燒窯。

儘管過去燒製出許多高品質的紅磚建材,但隨著大環境的轉換,老企業也跟著轉型,既然市場上沒有那麼多的材料需求,那麼換個角度看窯燒產業,注入文創與休閒的元素反而能開闢另一片天空。

因此,三和瓦窯成立了觀光工廠,帶領遊客進入窯廠參觀,告訴大家怎麼在五個月內把土磚變成紅磚。最讓人驚喜的則是這裡的「起厝 DIY」,讓大家能購買迷你的磚砌組合,自行帶回家拼砌成多樣的紅磚小房或筆座、杯墊等。擁有這樣的創意,誰又敢說磚窯業是黃昏產業呢?

ADD	高雄市大樹區竹寮路 94 號
TEL	(07) 651-2037
OPEN	平日 08:30 ～ 17:00
	假日 09:00 ～ 17:30
PAGE	www.sanhetk.com.tw

▲ 窯廠內規劃了一系列的說明,帶領遊客走進傳統產業的世界。

▲ 此處提供小磚塊讓遊客們免費體驗砌磚的樂趣。

▲ 菸酒公賣局的紅磚牌,頗富古趣。

高雄　風格老屋

—

打狗文史再興會社
哈瑪星老街的保存推動者

本篇文字：江明麗／攝影：盧大中

時代的巨輪緩緩前進，以此為點，穿越的是過去，
等待的是未來，這是不可變的定律，但不代表就得
把值得保存的美好回憶拋棄。

打狗文史再興會社的存在，就是為了守護美好的過去而成立，他們喚起了高雄人對於哈瑪星的時光印記，也支持每一條老街、每一棟老建築、每一段老回憶停格的動力。打狗文史再興會社所在的空間，是日治時期佐佐木商店高雄支店的倉庫，是超過八十年歲月的二層樓木造建築，原本是廢棄的老屋，在會社志工親力親為、新補舊貼地打造下，終於重現原有的樣貌。

會社辦公室目前被作為諮詢中心及陳列館，偶而也被當作舉辦講座活動的場地，一般民眾可以在一樓參觀，二樓為保護遺跡並不開放。辦公室蒐羅了不少老物展示，老沙發、老辦公桌，可以感受到幾十年前的舊時光，也更讓人感佩會社志工們對於保存老街區的心力。

ADD	高雄市鼓山區捷興二街 18 號
TEL	(07) 531-5867
OPEN	11:00 ～ 16:00（週一公休）
PAGE	www.facebook.com/TakaoKaisha

▲ 靠窗的空間擺設了古沙發，讓人想停下歇息。

▲ 牆上的舊照片訴說著老街區的歷史記憶。

▲ 會社內蒐集了不少老物展示。

高雄　風格老屋

—

書店喫茶・一二三亭

日本高級料亭變身文藝茶館

本篇文字：江明麗／攝影：盧大中

「書店喫茶・一二三亭」曾是擁有百年歷史的日本
高級料亭「一二三亭」的據點，自一九二〇年開始
經營，後來一度變身成旅館與船務公司經營。在地
的文史保存組織——打狗文史再興會社，接手老料
亭後重新整修，在二〇一三年的八月選擇將二樓空

間規劃成一間書店茶館,主打懷舊的閱讀時光。

老屋不能使用明火,因此這裡不提供熱炒類的餐食,但不影響客人們享受美食,招牌餐點是紅酒燉牛肉飯與豬肉咖哩飯,還有三明治與日式口味煎餅等輕食,咖啡更是必営的飲品,

身為書店茶館,自然不缺各式各樣的書籍,這裡規劃了一整面書牆供客人免費拿取閱讀,書種琳瑯滿目,其中還有日文書籍以及台灣的暢銷散文書,是業主的一項貼心服務。書店的客人或輕聲細語,或人手一本書冊,各自安然,卻也同時享受著這處空間所賦予的美好時光。

ADD	高雄市鼓山區鼓元街 4 號 2 樓
TEL	(07) 531-0330
OPEN	10:00 ～ 18:00
PAGE	www.facebook.com/cafehifumi

▲ 一二三亭的格局特別,是呈現凹字形的二層建築。

▲ 抬頭就能看見老建築的木造結構,充滿懷舊氛圍。

▲ 紅豆抹茶鬆餅,配茶享用十分對味。

高雄　生活雜貨

—

Danny's Flower
碼頭倉庫裡默默綻放的浪漫

本篇文字：江明麗／攝影：盧大中

Danny's Flower 的老闆兼藝術總監 Danny，為了讓妻
子 Helen 有難忘的婚禮，專長視覺設計的他親自構思
婚禮會場的花藝布置，獲得了愛的禮讚，也打開他
涉足時尚花藝的大門，先後在台北設立兩家門市。

二〇一五年的一次設計師大會,讓 Danny 與高雄駁二有了交集,他推崇這處藝文特區自由奔放的精神,加上高雄並沒有性質相近的花藝設計館,於是舉家南遷,希望將奔放的高雄港口風情與花藝融合,帶領大家進入剛硬與柔美並存的世界裡。

走進香氛淡淡、縈繞鼻間的店裡,會有陷入愛麗絲夢境的恍惚感,這裡的花朵不長在土裡,卻綻放蓬勃生機,在這裡,你可以自由參觀,也能買個喜愛的花器,更能報名加入一場花藝課,當然,最棒的是跟 Danny 與 Helen 說:「我要結婚了,可以請你們為我布置婚禮嗎?」

ADD	高雄市鹽埕區大義街 2-1 號 (駁二藝術特區大義倉庫 C8-14)
TEL	(07) 521-6584
OPEN	11:00 ～ 18:00 (週一公休,週六、日延長至 19:00)
PAGE	www.danny.com.tw www.facebook.com/DannyFlorist

▼ 走進店裡,彷彿有種陷入愛麗絲夢遊仙境的錯覺。

▲ 店門灰色調的水泥外觀與店內的花草扶疏,形成強烈對比。

▲ Danny's Flower 在來到高雄駁二之前,已是台北知名的花藝品牌。

高雄　生活雜貨

—

好 , 的 Howdy
在地特色的微型工藝

本篇文字：江明麗／攝影：盧大中

好,的 Howdy 起源於台中,是由一群擅長文創、地政、
心理及化工領域的年輕團隊創立,駁二據點就是他
們在高雄的旗艦店。

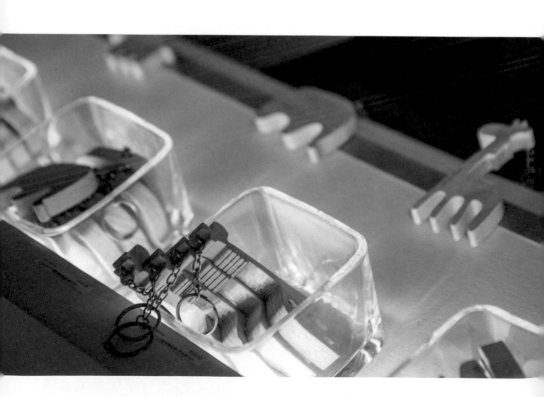

賣店空間的規劃本身就很有設計感，以清水模為基調，搭配木質的商品陳列平台，讓店裡散發著濃郁的自然森林系味道。駁二的據點裝潢運用了很多高雄市景意象，商品陳列架設計成高雄的半屏山、旗津的堤防沙灘以及哈瑪星老工廠，讓客人在選購產品之餘，也能感受到濃濃的在地味。

既然要支持台灣的特色微型工藝品牌，這裡也一樣擺放了不少讓人驚喜的用品，包括 4 樓公寓的手工蠟燭、八分滿帆布包、樂樂木動物鑰匙圈還有來吉部落的樟木貓頭鷹等等，商品種類琳瑯滿目，食衣住行都能用的到，既實用又能當作禮物送人，非常值得一逛。

ADD	高雄市鹽埕區大義街 2-2 號
	(駁二藝術特區大義 C8-15 倉庫)
TEL	(07) 521-2353
OPEN	10:00 ～ 19:00 （週一公休）
PAGE	howdy.tw
	www.facebook.com/howdytw

▼ 店內展示了各種特色微型工藝品牌。

▲ 4 樓公寓的手工蠟燭是店內人氣商品。

高雄　創意品牌

—

火腿藝廊
拉近大眾與藝術美學的距離

本篇文字：江明麗／攝影：盧大中

比起一些大型的展覽館，私人藝廊更容易拉近作品
與觀者之間的距離，甚至可以成為一個地方的特
色，例如紐約雀兒喜區、東村，大大小小的 studio、
gallery 已經是許多人朝聖的地方。

二〇〇四年在台南發芽的火腿藝廊 ham gallery，便有這樣的志向，希望由他們做起，帶領大家進入當代藝術的領域。「ham」是三位老闆兼設計師的英文名首字組合，也帶有 hatch（孵化）、art（藝術）、modern（當代）的三種涵義。

挑高的屋子簡單地隔了一個層板規劃成兩個部分，底層為主題的策展空間，優先邀請在地或台灣地區的創作者或藝術家，閣樓則是長期固定策展。在這裡，可以感受到高雄人對美學的渴望，也明白了藝術創作其實沒有距離，只要你願意讓心靈開啟。

ADD	高雄市鹽埕區大義街 2-1 號 （駁二藝術特區大義 C7-6 倉庫）
TEL	(07) 521-8384
OPEN	12:00 ～ 19:00 （週一公休）
PAGE	hamgallerystore.blogspot.tw www.facebook.com/hamgallerystore

▲ 藝廊可說是培養生活美感的好去處。

▲ 「ham」是由三位老闆兼設計師的英文名字首字組成。

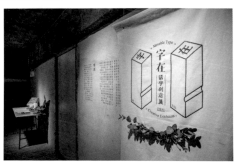

▶ 火腿藝廊曾與大陸活字品牌「字在」舉辦活字創意展。

高雄　獨立書店

—

三餘書店
高雄最活躍的獨立書店

本篇文字：江明麗／攝影：盧大中

三餘書店由小子、謝一麟、鍾尚恩、鍾尚樺、謝天地、
童維辰與任明信等人合作創辦。他們引用古人所說
最適合讀書的三種餘暇，是冬天、夜晚及陰雨時，
所以將店名取為三餘書店。

這裡採複合式經營,一樓書店的前區是主題書的陳列以及一些文創商品,書目中九成與高雄相關,不管是眷村影像還是老高雄文史故事,在這裡都可以找到。二樓的咖啡館則是客人們很喜歡的角落,美食伴書香,好似多了一分內在靈魂。三樓是書店與大眾交流的領域,只在有固定活動或展覽時才對外開放。

在三餘,你還能享受到連鎖書店沒有的服務,店裡會為購書者親自替書本包上書衣,這種珍視書籍的態度在什麼都運轉快速的現代社會更讓人深思,有時候停下腳步,周邊的風景反而看得更清楚。

ADD	高雄市新興區中正二路 214 號
TEL	(07) 225-3080
OPEN	13:30 ～ 22:00 (週二公休)
PAGE	takaobooks.blogspot.tw
	www.facebook.com/takaobooks214

▲ 店員親自替你購買的書籍包上書衣,珍視書籍的態度讓人感動。

▲ 二樓的咖啡館是客人們喜愛的休憩角落。

▲ 「冬者歲之餘,夜者日之餘,陰雨者晴之餘。」這就是三餘的由來。

高雄　風格老屋

—

叁捌旅居
串連新舊時代的記憶通道
本篇文字：江明麗／攝影：盧大中

三〇年代與八〇年代如何對話？有些人用文字，有些人用影像，鹽埕子弟邱承漢則用一棟老房子，再度連結起兩代祖孫之間的情感，透過這處空間，他想讓更多人了解鹽埕的美好故事。

叁捌旅居的命名很有深意,「叁」指的是外婆生活的三〇年代,「捌」是邱承漢所處的八〇年代時光,他與外婆的感情深厚,回憶起兒時幾乎都是在此度過,如今,外婆的禮服公司休業了,他卻不想讓回憶就這麼消逝,所以把已經改建成五樓透天厝的水泥建築賦予了新風貌。

作為一個開啟旅人認識老鹽埕或新高雄的入口處,邱承漢讓叁捌旅居同時擁有旅讀冊店、塩選賣所、展演空間的多重功能,旅讀冊店位在二樓,可以交換旅遊資訊,蒐集旅行攻略;一樓的塩選賣所陳列了不少當地的文創商品,三樓以上則是旅宿空間。

ADD	高雄市鹽埕區五福四路 226 號
TEL	(07) 521-5938
OPEN	14:00 ～ 21:00
PAGE	3080s.com
	www.facebook.com/3080s

▼ 這裡也提供旅宿服務,301 號房外還有小吧檯,相當有氣氛。

▲ 一樓的塩選賣所販售鹽埕區相關設計商品與其他懷舊選物。

▲ 來到二樓旅讀冊店,除了看看旅遊類選書,也可以小喝一杯。

特別企劃
文創園區與聚落

海安街道美術館
全球第一座街道藝術館

本篇文字：凌予／攝影：楊志雄

海安路推動藝術造街已十餘年，到台南旅遊的人都喜歡在此留影紀念。其實二十年前，這裡原本要規劃成地下商場，路面已開挖、房宅都被拆了一半，「支票」卻從未兌現，只留下斷壁殘垣。幸運的是，一群在地藝術工作者從七間房宅牆面開始，發動由下而上、繼而公私

合作的藝術造街計畫，終使海安路重獲新生！

起初以廣為人知的「藍晒圖」為代表，後來藝術景點增加，工作坊、街道劇場、藝術市集等不同形式的藝術紛紛呈現，矗立在海安路與民族路口一塊「海安街道美術館」的鑄鐵也隨之「掛牌」，海安路正式成為全球第一座無實體與封閉建築的「街道美術館」。

如今「藍晒圖」已搬遷他處，獨立規劃成為新的文創園區，而這裡也依舊依循美術館換展的概念，以新作傳承舊作，始終吸引民眾流連。附近商家也自發性地以植物、彩繪等方式來美化門面，足見戶外藝術的感染力之強大。未來，這座街道美術館，也將繼續推出新作品，延續海安路的人文藝術新生命。

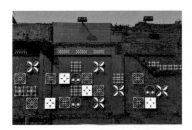

攝影／黃建翔

攝影／黃建翔

| ADD | 台南市中西區海安路二段（民族路至府前路） |

特別企劃
文創園區與聚落

神農街
披著夜幕走入老時光探險

本篇文字／攝影：凌予

神農街昔稱北勢街，可說是府城目前保存最完善的老街，早期位在五條港區的中央，是清初台灣對外的主要門戶。因為街上的老屋群產權複雜、改建不易，至今仍維持清代及日治初期的屋宅外觀，也使旅人與後代子孫，得以窺見早期的街貌意象及歷史故事，一同見證「五條港」的發展過程。

攝影／楊志雄

攝影／楊志雄

挑個夜晚走進神農街，彷彿進入老時光探險。這裡聚集多間古蹟廟宇，留存許多傳藝行業；還有各式藝文空間，透過老宅的加持，使藝術因歲月的醞釀而多了些醇厚韻味。比如 94 號的另類酒吧——太古百貨店，從玻璃窗外望進去，瞧見裡頭的裝潢復古又帶著前衛，正販售著國內外古董家具，二樓則複製了古代木造客棧的情景。

逛完神農街後，也別忘了轉進民權路三段，尋找已有三百年歷史的風神廟，經過市府規劃，古蹟與光影藝術結合，耀眼的燈光在黑夜中愈發溫暖人心，也使廟前「接官亭石坊」更加氣派宏偉，顯露出令人崇敬的靜謐之美。

ADD | 台南市中西區神農街

特 別 企 劃
文創園區與聚落

十鼓仁糖文創園區
亞洲第一座鼓樂主題藝術村

本篇文字、攝影：凌予

二〇〇五年起，由謝十老師率領的十鼓擊樂團，進駐擁有百年歷史、卻閒置多年的台糖仁德車路墘糖廠，以活化空間為概念重新設計，保留十六座日治時代舊倉庫建築，融入了十鼓獨創的台灣本土特色鼓樂，化身為亞洲第一座鼓樂主題國際藝術村。

在十鼓團隊的創意設計下，老舊的廢水處理槽變成充滿綠意的親子草原，糖蜜槽成為咖啡館、兒童遊戲館、文史館，蔗渣處理槽成為一座美麗的蓮花池。此外，早期載運甘蔗的五分車也被重新啟動，短短幾分鐘路程，不僅能讓旅客欣賞沿途景觀，也規劃導覽，讓旅客們了解糖廠過往的歷史。

「十」代表兩支鼓棒交疊，象徵著十方力量的匯集。來到十鼓一定要進入館內欣賞擊鼓藝術，感受身心靈的震撼；想親自體驗擊鼓樂趣的人，可以到擊鼓體驗教室，團員們會為大家熱心解說鼓的傳說，並讓參與的人親身體驗擊鼓樂。

ADD	台南市仁德區文華路二段 326 號
TEL	(06) 266-2225
OPEN	白天 09:30 ～ 17:00 星光遊園 18:00 ～ 21:00
	(週一不開放，週五、六延長至 21:30)
PAGE	www.ten-hsieh.com.tw

特 別 企 劃
文創園區與聚落

台灣糖業博物館
聆聽百來年的製糖故事

本篇文字：江明麗／攝影：盧大中

已轉型為博物園區的橋頭糖廠，是日治時期很重要的製糖產業區，這裡不僅是台灣第一座現代化機械式製糖工廠，更因為加入藝術文創的元素，成為高雄熱門的旅遊去處。

宿舍區作為藝術聚落規劃，也進駐了不少很有特色的文化商店，包括著名的時尚之丘、123 木頭人童話城堡糖果屋、東院堂人文茶館等。

建於一九〇一年的社宅事務所是園區內的代表建築，殖民地風格的設計是仿造荷蘭在東南亞的建築，迴廊與連拱門是主要特色，重新整修後也呈現煥然一新的樣貌。

糖廠區是主要的製糖工廠區域，有糖業文化主題館、製糖工場主題館、糖廠辦公廳舍等老建築，糖廠辦公廳舍現在是目前國內最完整、最具特色的豬仔文物陳列館。

五分車的搭乘體驗，只在例假日的固定時刻才開放，車廂本身就是個大貨廂，只有一張木條板凳，車程約二十五分鐘，全票八十元，帶領遊客了解製糖文化的一環。

ADD	高雄市橋頭區橋南里糖廠路 24 號
TEL	(07) 611-3691
OPEN	09:00 ～ 16:30 (室內展館)

駁二藝術特區

碼頭老倉庫實驗新美學

本篇文字：江明麗／攝影：盧大中

在高雄，要說最有美學文創風格的區域，便是駁二藝術特區了。駁二，指的是高雄港的第二號碼頭，這裡早先有許多大面積的閒置倉庫，經過在地藝文界人士活化、高雄市文化局接手，現在這裡已是高雄重要的文創根據地。

園區分為大義倉庫、大勇倉庫與蓬萊倉庫三個倉庫群。大義倉庫被駁二定位成文創設計區，廣受知名品牌的青睞，像「微熱山丘」、「繭裏子」。大勇倉庫是遊客們最常造訪的地區，駁二許多地標都出現於此，包括台糖 C5 紅磚倉庫屋簷上由藝術家李紀螢創作的「圈圈寶」與「太空寶」公仔，被暱稱為「駁二最大咖」。蓬萊倉庫區段則靠近哈瑪星鐵道文化園區，有不少空間用作主題展活動使用。

為鼓勵手創，駁二也有戶外假日市集，大義倉庫區由店家自發性、不定期舉辦；大勇倉庫區則由駁二發起、規劃，是購買手創紀念品的好去處。

ADD　　高雄市鹽埕區大勇路 1 號
TEL　　(07) 521-4899
OPEN　 室內館場
　　　　週一至週四 10:00 ～ 18:00
　　　　週五至週日 10:00 ～ 20:00
　　　　小火車
　　　　週一至週四 11:00 ～ 18:00
　　　　週五至週日 10:00 ～ 20:00
PAGE　 pier-2.khcc.gov.tw

特別企劃
文創園區與聚落

哈瑪星鐵道文化園區
鐵道綠地與藝術的奏鳴曲

本篇文字：江明麗／攝影：盧大中

三十八條鐵路軌道在同個地方出現，光想那樣的數量與震撼度就足以讓人激昂，更遑論地狹人稠的台灣要怎麼保存這樣珍貴的空間，然而高雄做到了。

哈瑪星是從日文はません（Hamasen）轉譯而來的名稱，也就是高雄現今的鼓山區舊名，日治時期這裡是載運貨物前往港口的新濱線鐵道的起點，也承載了高雄人長達百年的回憶。當台鐵高雄港車站在二〇〇八年因為臨港線的停駛也要走入歷史的同時，以哈瑪星為名的鐵道文化園區計畫就這麼啟動了。

歷史沒有被遺忘，以往停滿列車的偌大鐵道區域也變身為鮮花滿載、風箏飄揚以及眾多大型地景藝術作品展演的舞台，鐵道文化園區現在已被定位為兼具鐵道綠地與藝術文創性質的戶外休憩場所。擁有新功能的園區面積非常大，約九公頃的範圍得花上一段時間遊逛。

ADD ｜ 高雄市鼓山區鼓山一路 32 號 (打狗鐵道故事館旁)

文青の生活散策

—

PART4

東部

一邊是山，一邊是海，東部的美麗
風景總讓人能夠真正的放鬆身心。
得天獨厚的地理環境，也造就了文
化藝術的深度，如同把原住民圖騰
融入在創意商品，用月桃葉編織的
傳統手藝，在老屋裡聽故事，以二
手書向書店換宿……，在東部兜兜
轉轉，享受這些人和店家帶來的美
好旅程。

宜蘭　風格老屋

—

和平街屋
紅磚老屋裡聽在地故事

本篇文字：江明麗／攝影：高建芳

點一杯熱熱的茶就能聽上一段老故事，在和平街屋
的時光，美好事物不僅僅是在小小的陳列架上、或
那一份份用心種植或製作的商品中，而是與老闆康
保瑜及當地人如同鄰居般的閒談時刻。

和平街屋作為在地文化與旅人間的橋梁，是在地小農與手創作家的寄賣天地，你可以在這裡買到天然手工皂、手工豆腐乳，夏季時有冰鎮蓮霧能品嘗，冬季時則有宜蘭金棗可吃，當然，老闆手作、獨一無二的手捏陶杯也是精品。

留下旅行紀念的方式有很多種，可以寫留言簿，可以拍照，而最吸引人的莫過於店家特別篆刻的圖形章，和平街屋有很多圖形章，就放在門口的木桌上，以和平街屋為題，設計了好幾款。如果有空白信封或是明信片，也是不錯的在地標誌紀念。

ADD	宜蘭縣頭城鎮和平街 135 之 2 號
TEL	(03) 977-3343
OPEN	週五至週日 10:00 ～ 18:00
PAGE	www.facebook.com/188237697932692

▲ 從架上的志願農民 T-shirt，不難看出和平街屋關懷在地農業的主題。

▲ 來自梵梵坡有機農場的筆柿。

▲ 老闆親手製作的手捏陶作品，樸拙可愛。

宜蘭　創意品牌

—

勝洋休閒農場
千姿百態的水草王國

本篇文字：江明麗／攝影：高建芳

自己親手做一個水草圓形生態球的感覺十分特別，
不同於只是在水族箱外觀賞，透過觸感去認識平日
甚少接觸的水草，了解水草的柔軟與水中飄逸的自
在，這只有在勝洋才有機會體驗。

原本以養殖鰻魚為主的池塘，在轉型做水草培育後，成為台灣最大的水草產品輸出供應，在新加坡、馬來西亞都小有名氣，但隨著水草養殖產業遍地開花，讓老闆又動了轉型的念頭，決定在農場注入休閒觀光的概念，讓普通的遊客也能認識水草的美麗世界。

勝洋最受歡迎的 DIY 活動，是生態瓶 DIY，不管是以豆奶瓶、星星瓶，都能打造一個完美的水草世界。紀念品店也有許多水草盆栽與小型水族箱可以購買，包括勝洋獨家專利研發的水草 LED 燈，現在可是各大餐廳非常搶手的創意商品。

ADD	宜蘭縣員山鄉尚德村八甲路 15-6 號
TEL	(03) 922-2487
OPEN	參觀體驗 09:00 ～ 17:00
	餐廳用餐 11:30 ～ 20:30（需事先訂位）
PAGE	www.sy-water.com.tw
	www.facebook.com/sy039222487

▲ 這裡最受歡迎的商品就是生態球了。

▲ 柯佳嬿主演的電影《渺渺》曾在此取景。

▲ 勝洋獨家專利的水草 LED 燈。

—

玉兔鉛筆學校

四五年級生的共同回憶

本篇文字：林冬梅／攝影：楊志雄

玉兔文具於一九六四年就開始生產鉛筆，陪伴著台灣的四五年級生走過大半歲月。創辦人唐懋信、唐懋良、唐幽蘭三兄弟，當初選擇靈動跳躍的兔子當作公司意象，就是因為早期做鉛筆時搗石墨的辛苦模樣，彷彿玉兔搗藥一般。

隨著時代變遷與電腦普及，鉛筆產量萎縮，大多數鉛筆廠商遷往大陸。為了確保品質，玉兔堅持根留台灣，並轉型為觀光工廠，保留傳統工廠的原始面貌供遊客參觀，透過生產線巡禮，親身感受一下玉兔鉛筆的製作場所，並自己動手來做一枝屬於自己個人風格的 DIY 鉛筆，這可是在外面買不到的。

玉兔提供客製化紀念鉛筆或是鉛筆喜帖，不但能長久保存，「緣分」更能透過「緣筆」（台語）延續下去。而懷舊系列的黃桿紅頭鉛筆以及黃桿藍帽原子筆，也是詢問度最高的人氣商品。

ADD	宜蘭縣五結鄉中興路三段 330 號
TEL	(03) 965-3670
OPEN	08:30 ～ 17:00 （採預約制）
PAGE	www.rabbit1.com.tw
	www.facebook.com/RABBITpencilschool

▲ 倒三角形的鉛筆量器，擺滿就是十二打的數量。

▲ 參加 DIY 課程，你也可以來這裡做一枝屬於自己的鉛筆。

▲ 這裡也有各式特色鉛筆任你選購。

花蓮　風格老屋

—

松園別館

在老松旁吹著來自太平洋的風

本篇文字：江明麗／攝影：籟簫

看著遊人如織，很難想像「松園別館」整修前曾是
被花蓮人稱為鬼屋的廢棄場所。在日治時期，這裡
是日本政府軍事指揮中心兵事部的辦公室，取名「松
園」，是因為建築物前有幾棵逾百年的高大老松，
現在也是別館重點保護的對象。

「松園別館」興建於一九四二年，所在地位置較高，站在觀海平台，吹著風、將太平洋一覽無遺。重新整修的松園別館保留原始的建築風格，主建物是一棟以磚木、鋼筋混凝土建材混合打造的二層建築，屬於巴洛克式折衷主義風格，拱廊與日本風格濃厚的屋瓦，以及屋內的拉門氣窗、木桁架天花板，處處顯現簡約與優雅，現已作為展示空間與手創商品工坊的承租使用。

靠近園區後方的生態池與小木屋給人一種生氣蓬勃的感覺，生態池也是別館每年舉辦「太平洋詩歌節」的場地，在此靜靜坐下來欣賞美景，品嘗半露天餐坊提供的美味糕點與餐飲，再愜意不過。

ADD	花蓮市松園街 65 號
TEL	(038) 356-510、(038) 346-777
OPEN	09:00 ～ 18:00
	(每月第二個週二、除夕公休，寒暑假無公休)
PAGE	www.pinegarden.com.tw

▲ 一樓的慢漫生活概念工坊，專門販售手創類商品。

▲ 窄小的防空洞裡，展示著神風特攻隊的相關史料。

▲ 逾百年的高大老松，是松園別館的重點保護對象。

花蓮　創意品牌

—

美好花生
手工炒花生粒粒皆美味

本篇文字：江明麗／圖片提供：美好花生

鳳林，是花東縱谷裡純樸的客家小鎮。這裡除了出
產校長，不外就是粒粒飽滿的落花生。原本在傳統
不過的鳳林鍾媽媽花生，在第二代加入創意行銷之
後，既保留花生的好品質，也讓更多人知道，來到
鳳林，記得帶上幾罐純手工炒製的美好花生。

約莫二〇〇九年，鍾順龍與梁郁倫這對年輕的夫妻從台北回鄉，接手母親傳承的「鍾媽媽手工炒花生」小生意，從了解花生生長、跟小農收購花生，到篩選花生、剝殼再分級，最後的鹽炒花生更是工夫。

他們以文創概念重新包裝，除了手工炒花生，也開創了純天然花生醬、花生湯等產品。「美好花生」的瓶罐上帶有傳統文化風格的設計，便是鍾媽媽自行發想的標籤設計，上頭的牛車輪、牽牛花代表著古早花生園必有的景象。鍾順龍一家人總是輪流在店內守候，隨時歡迎客人來喝上一杯茶、吃幾口花生，或閒話家常幾句，讓人有滿滿的懷念滋味與親切感。

ADD	花蓮縣鳳林鎮中和路 46-1 號
TEL	(03) 876-1330、0933-528-448
OPEN	10:00 ～ 18:00
PAGE	goodeatss.wordpress.com

▲ 在太陽下曬花生的景象。

▲ 純天然花生醬是店內人氣商品。

▲ 以台南選 9 號、黑金剛花生手工炒製而成的商品。

▲ 農人在花生田裡辛勤地採收。

▲ 梁郁倫與夫婿接手鍾媽媽傳承的炒花生絕學。

台東　創意品牌

—

旅圖
都蘭部落的百貨公司

本篇文字／攝影：廖秀靜

隱身於都蘭的巷弄裡，「旅圖」是一棟屋齡五十多
年的老房子，前身是原住民餐廳，兩個女生承租下
來後，保留了餐廳裡以竹子拼貼內裝的舊設計，只
在牆上掛置幾幅泰北藝術家的畫，以及路邊撿拾而
來的舊傢俱，夜裡打著昏黃的燈光時，映在家屋前

▲ 店內的手作商品各有獨特風格。

▲ 異國風的飾品總能得到部落媽媽的青睞。

▲ 撿來的舊傢俱妝點了店內空間。

的圖騰彩繪上，有著隱隱發光的溫暖。就像是都蘭部落裡的「百貨公司」，部落婦女喝喜酒或有重要約會時，經常前來置裝；店主人旅安與卓雅十分熱愛旅行，休息十天半個月是常有的事。

店裡的商品大都是從旅途上帶回的，有尼泊爾的手作月曆、泰北的球飾掛燈、印度的絲巾等等，不小心就會挖到寶。兩位貼心的女主人，除了帶回部落媽媽們喜愛的異國飾品與衣飾，當然也有販售給其他旅人的手創商品和原住民手作商品，幾乎每件都是獨一無二的，常一上架就轉賣給有緣人了。經過都蘭時，別忘了來逛逛，當主人不在旅途上時，她們就在旅圖開著門歡迎旅人。

ADD	台東縣東河鄉都蘭村 291 號
TEL	0910-133-682
OPEN	12:00 ～ 17:00（不定期公休，先電話確認）
PAGE	www.facebook.com/ 旅圖 Lutu-117704611656015

—

郡界 42 仁手作月桃東西

美麗又環保的月桃葉編織

本篇文字／攝影：廖秀靜

作品由三位女性所完成，這也是店名「仁手作」的
由來；早前月桃葉作品多是編織成裝菜、裝魚用的
提籃外銷日本，近幾年，阿嬤想讓更多人使用這個
環保又耐用的月桃葉籃子，才慢慢又開始編織。

編了六十多年、手藝純熟的她，並不覺得辛苦，尤其目前有女兒及孫女的傳承，編織速度自然會快些；阿嬤總會把編好的作品讓孫女加工，放上手織毛線花，縫上麻線與鈕釦，頗有手作日式雜貨的氣質。

某次客人想訂作「月桃葉燈罩」，編籃子很在行的阿嬤思索著如何不改變編織方法，又能讓密實的月桃葉透光，老人家終於想到用新鮮月桃葉編織再曬乾，靠其乾燥後自然縮水，就能達到效果，完成後也變成店裡的人氣商品。前置作業就須花費約一星期，到山上找野生月桃芽，整理再經過日曬、因應不同季節氣候調整角度方向，曬好後還得一片片挑選，每件作品得來不易，客人要砍價阿嬤可是會不高興喔！

ADU	台東縣東河鄉都蘭村郡界 42 號
TEL	089-12 775
OPEN	10:00 ～ 20:00

▲ 月桃葉籃子上放上手織毛線花更添美麗。

▲ 月桂葉籃子環保耐用。

▲ 手工編織的月桃葉商品費時又費工。

台東　獨立書店

—

晃晃二手書店
以書換宿的溫暖地方

本篇文字／攝影：廖秀靜

早期台東的書店，比較像複合式的書局，擺在架上的文具幾乎就佔了全店的二分之一，當時網路書店並不發達，有時候書癮上來，只能請託出外地的親友幫忙帶書；當城市裡的「誠品書店」來到台東時，經常看見裡頭滿滿的人群，台東的閱讀人口，其實比想像中還多。

晃晃二手書店的老闆娘素素回憶:「我的夢想就是
開一間書店,能力無法開一般書店,於是從二手書
店開始,一開始沒有書,但因為書店二樓提供簡單
的民宿,有人寫信來想換宿,於是以各種形式開始
以書換宿,也換來不少自己想讀的二手書。」這裡
常辦一些如談唱、新書發表或旅行經驗分享的小眾
活動,透過網路傳播,短短幾年就成為台東的人氣
店家。書店由素素和先生 Hope 一起經營,目前除了
二手書及自選書籍,書架上也售有手創商品和台東
原住民音樂專輯。書店收入的一成被用來照顧社區
街貓和執行 TNR 計劃,「晃晃」是個對旅人、動物
友善的溫暖地方。

ADD	台東市新生路 503 巷 8 號
TEL	0914-073-170
OPEN	14:00 ～ 19:00 (週二至週四公休)
PAGE	www.facebook.com/089catbooks

▼ 書架上的部分書籍是旅人換宿時帶來的二手書。

▲ 書店的貓店長「歐兜賣」。

台東　創意品牌

—

卡塔文化工作室
跟著婆婆媽媽製作美麗琉璃珠

本篇文字／攝影：廖秀靜

第一次看到「卡塔」的商品，美麗的傳統琉璃珠下
方垂綴幾株土　色小碎珠，商品標示寫著「小鳥不
要來」，這款飾品以原住民的經濟作物小米為創作
靈感，若要讓小米豐收，只能祈求小鳥不要來，充
滿原住民式的幽默創意。

擁有美術設計的教育背景的創意總監林秀慧，十多年前和先生回到部落，帶領一群部落婦女，成立了位在台東糖廠倉庫區的「卡塔文化工作室」。一入內便可看見以舊門窗拼裝出的大型裝置藝術，上頭垂吊阿美族文化裡常見的檳榔袋，挑高的天花板上掛著看似紙摺的飛魚，漂流木製成的長桌上也放著幾盤小米當桌飾，活潑的原住民色彩搭配，很難想像設計師大部分是上了年紀的婆婆媽媽。

工作室以琉璃珠及漂流木為主要材質，設計出如琉璃珠項鍊、檜木鑰匙圈、布包等商品；這裡也提供琉璃珠製作教學，讓一般人理解製作琉璃珠所需的繁複手工，分享令排灣族人驕傲的原民藝術。

ADD	台東市中興路二段 191 號(台東糖廠倉庫)
TEL	(089) 228-107
OPEN	09:00 ～ 17:30
PAGE	www.atabeads.com

▼ 色彩鮮豔的阿美族傳統服飾。

▲ 來這裡體驗一下琉璃珠手作課程吧！

▲ 每一串琉璃珠都有著獨一無二的特色。

台東　生活雜貨

—

月光小棧與女妖咖啡館

在都蘭山體驗音樂文創能量

本篇文字／攝影：廖秀靜

在電影《月光下我記得》裡，導演林正盛拍出了皎潔月光映在寶藍色海平面的美景，原有的電影主場景與陳設也被保留，主建築的日式房舍整修完畢後，將其更名為「月光小棧」。整修後的「月光小棧」交由藝術策展人「女妖」接管，二樓保留電影場景

的陳設，一樓就成了「女妖在說畫藝廊」。這裡是提供東海岸地區不定期的各式文藝創作或表演藝術的場域，如都蘭青年樂手 Suming、金曲最佳樂團 MATZKA，也曾在此演唱。

「月光小棧」旁邊的矮平房就是女妖和先生兔子開設的「女妖咖啡館」，走進店內隨即被吧檯給震懾，彎延而上的漂流木，延伸的上方頂著一個用樹皮製成的垂放花朵燈飾，有種原住民的低調與熱情。店內除了提供咖啡飲品、蛋糕甜點，也販售在地青年創作的文創商品，有背包、筆記本、手飾、當地都蘭地圖與音樂專輯等等。來過這裡的人，每每都會想起被都蘭山守護的溫暖，和一望無際的海平面。

ADD	台東縣東河鄉都蘭村 420 號之 8
TEL	(089) 530-012
OPEN	10:30 ～ 17:30（全年無休）

▲ 女妖咖啡館陳列了東海岸相關的藝文創作與商品。

▲ 月光小棧二樓展示著電影《月光下我記得》的場景陳設。

▲ 別忘了到戶外享受都蘭的新鮮空氣！

幾米廣場
帶你找回純真的立體繪本

本篇文字：江明麗／攝影：楊志雄

幾米是台灣繪本創作的一個奇蹟，現今也已是一個品牌，旗下的墨色國際公司經營得有聲有色，讓他的想像不僅僅存在於紙本上，也出現在航空器與飯店客房上，當然，二〇一三年起引爆參訪人潮宜蘭幾米廣場也是立體的呈現。

配合都市更新計畫,幾米團隊將宜蘭車站旁的舊鐵路局宿舍,重新打造結合公共藝術與轉運站的多功能廣場。因為車站擁有旅行與離合的特點,團隊選擇把幾米膾炙人口的三部作品《向左走·向右走》、《星空》與《地下鐵》內的著名場景立體化,展現在車站廣場左側的露天空間,從開放以來便吸引大批觀光人潮。

拜訪幾米廣場之前,不妨先翻翻幾米的繪本,到了現場肯定會有不同的感受!當然,不要選擇人多的假日,最好是陽光斜射的午後,那樣,才能真正享受幾米廣場的自在氛圍。

ADD	宜蘭縣宜蘭市宜興路一段 252 號 (宜蘭火車站旅遊服務中心)
TEL	(03) 931-2152 (宜蘭火車站旅遊服務中心)
PAGE	www.jimmyspa.com

花蓮文化創意
產業園區
百年老酒廠注入文創靈魂

本篇文字／攝影：江明麗

從花蓮酒廠的身份轉型之後，
花蓮文化創意產業園區已是
花蓮市一處很具藝文情調的空
間，看看老建築，逛逛展覽，
買一些手作商品，幸運的話會
遇上不需門票的小型演唱會，
當然，喝杯咖啡或品味美食也
是不錯的選擇。

攝影／穎簫

園區原是興建於一九一三年日治時期釀造紅酒與米酒的酒廠,木造建築具有濃濃和風,可惜的是在一九五一年因為花蓮大地震,酒廠的房子倒了三分之二,現在的樣貌是依照原型整建,維持了酒廠最初的空間設計。

建築上可見日本時代的工法,特有的日式扶壁築法保住了三分之一的舊廠房,受委託進駐的經營團隊 a-ZONE 招商了不少重量級的廠家,譬如紅露酒廠辦公廳所在是安棠德餐廳(Andante),酒精倉庫變成甜品店 Arrow Tree,還有販售文創商品的特色店舖、藝術空間等等,老建築的空間再利用,著實讓可能變為蚊子館的地方有了新生命。

ADD　　花蓮市中華路 144 號
TEL　　(03) 831-2111
OPEN　09:00 ～ 21:30(旅客服務中心)
　　　　週一至週五 11:30 ～ 21:30
　　　　週六、日 10:30 ～ 21:30(各展館)
PAGE　www.a-zone.com.tw

特別企劃
文創園區與聚落

花蓮鐵道文化園區

遙想乘著火車晃到台東的年代

本篇文字：江明麗／攝影：籬籬

乘坐在舒適的普悠瑪與太魯閣號上，很難想像以前日本政府為了東部鐵道的通行花了多少心力，翻山越嶺花了十七年，最終才有東部鐵路的存在，而掌管這一切行政事務的就是鐵道部花蓮港出張所，位在花蓮鐵道文化園區的一館。

園區目前有兩個館區，一館就是主要的辦公處所，文化館則有出張廳舍及中山堂等設施，出張所屬於四合院格局，這棟百年老建築後來做了修建，正面主堂大門上方屋頂一處歌德式高塔設計正是最大特色。館內陳列不少舊時鐵道維修設備、室長站辦公桌椅，還能發現舊式硬紙卡車票的櫃子和售票口。

位在附近的二館也是東線鐵道的遺址，是負責保養維護與鐵道安全的警務段與工務段辦公廳舍所在地，部分空間目前已承租給業者作為鐵道食堂經營，可以吃到原住民風味餐、大和甘蔗汁和有機磅蛋糕等在地美食，再過去的幾棟建築像是舊武道館(鐵路警察局)、拘留所，現也成為文創商品的展示販賣空間。

ADD	花蓮市中山路 71 號
TEL	(03) 833-8061
OPEN	08:30 ～ 12:00、13:30 ～ 17:00 (週一及國定假日公休)
PAGE	www.facebook.com/HualienRailway

特 別 企 劃
文創園區與聚落

鐵花村
部落搖滾與週末市集

本篇文字／攝影：廖秀靜

還沒有「鐵花村」的時候，那塊土地已經暗黑了很多年，當年台東火車站搬至市郊後，原本繁榮的鐵花路周邊瞬間失色，店家相繼搬離；原先的「鐵花村」為台鐵舊宿舍區，經過台灣好基金會執行「台灣國際光點計畫」後，才轉變成台東的音

樂聚落與休閒場域，尤其當晚上有表演時，觀眾和著樂聲與月光，彷彿是個大型的營火晚會。

各色原住民歌手在台上盡興高歌，而台下的觀眾配上幾瓶啤酒，優閒自在地在月光下聽歌。週末開張的「慢・市集」，提供在地店家在此擺攤，有改良自原住民圖騰的皮雕作品，或月桃葉手編的包包、有機農產品與手繪明信片等等。「鐵花村」也積極培育台東的音樂人才，例如提供台東青年樂團免費表演，邀請當地知名的音樂人如陳建年、巴奈及南王姊妹花等創作樂手，共同策劃音樂人才培訓營，鐵花村正以音樂來反饋台東，讓台東多樣族群的傳統音樂也能得以流傳久遠。

ADD	台東市新生路 135 巷 26 號
TEL	(089) 343-393
OPEN	鐵花小舖、鐵花吧
	週一、週三至週日 16:00 ～ 22:00
	表演時段
	週三至週六 18:00 ～ 22:00
	週日 19:30 ～ 21:00
	慢市集
	週五 18:00 ～ 22:00
	週六、日 16:00 ～ 22:00 （週二公休）
PAGE	www.tiehua.com.tw

文青の生活散策。
享受單純美好的小日子

創意品牌╳生活雜貨╳風格老屋╳獨立書店
77 個不可錯過的文創景點

文　　字	江明麗、許恩婷、林麗娟
	凌　予、廖秀靜、林冬梅
攝　　影	楊志雄、高建芳、何忠誠
	盧大中、江明麗、陳招宗
	廖秀靜、陳繼貫、蔡淞雨
	黃建翔、籟　簫
編　　輯	翁瑞祐、黃馨慧
	鄭婷尹、邱昌昊
美術設計	林采瑤 (美果視覺設計)

發 行 人	程顯灝
總 編 輯	呂增娣
主　　編	翁瑞祐、羅德禎
編　　輯	鄭婷尹、邱昌昊、黃馨慧
美術主編	吳怡嫻
資深美編	劉錦堂
行銷總監	呂增慧
資深行銷	謝儀方
行銷企劃	李承恩

發 行 部	侯莉莉
財 務 部	許麗娟、陳美齡
印　　務	許丁財
出 版 者	四塊玉文創有限公司

總 代 理	三友圖書有限公司
地　　址	106 台北市安和路 2 段 213 號 4 樓
電　　話	(02) 2377-4155
傳　　真	(02) 2377-4355
E - m a i l	service@sanyau.com.tw
郵政劃撥	05844889 三友圖書有限公司

總 經 銷	大和書報圖書股份有限公司
地　　址	新北市新莊區五工五路 2 號
電　　話	(02) 8990-2588
傳　　真	(02) 2299-7900
製版印刷	卡樂彩色製版印刷有限公司
初　　版	2017 年 01 月
定　　價	新台幣 320 元

國家圖書館出版品預行編目 (CIP) 資料

文青の生活散策。享受單純美好的小日子：創意品牌
╳生活雜貨╳風格老屋╳獨立書店，77 個不可錯過
的文創景點/江明麗等文字 .-- 初版 .-- 臺北市：四塊
玉文創, 2017.01
　　面；　公分
ISBN 978-986- 94212-0- 1(平裝)
1. 臺灣遊記 2. 文化觀光
733.6　　　　　　　　　　　　　105024527

ISBN　978-986-94212-0-1 (平裝)

◎版權所有 • 翻印必究
書若有破損缺頁，請寄回本社更換

Coupon 券

文青の生活散策。享受單純美好的小日子

爆炸毛頭與油炸朱利

優惠內容：
憑此券至爆炸毛頭與油炸朱利實體店面消費，可享台灣原生系列 95 折優惠。

使用期限： 至 106 年 6 月 30 日止

使用地點： 台北市大同區承德路二段 1 巷 27 號

營業時間： 13:30 ～ 21:30（週一公休）

聯絡電話： (02) 2552-5931

《文青の生活散策。享受單純美好的小日子》四塊玉文創 出版

印花樂

優惠內容：
憑此券至印花樂全省直營門市消費滿 500 元，贈印花樂襪子一雙。

使用期限： 至 106 年 6 月 30 日止

使用地點／聯絡電話／營業時間：

大稻埕本店	台北市民樂街 28 號／(02) 2555-1026 ／ 9:30 ～ 19:00
大稻埕二店	台北市迪化街一段 32 巷 2 號／(02) 2552-3636 ／ 9:30 ～ 19:00
園道店	台中市中興 1 巷 16 號／(04) 2301-7195
	週一至週五 12:00 ～ 20:00，週六、日 12:00 ～ 21:00
鹽埕店	高雄市鹽埕街 36 巷 23 號／(07) 5313-176
	週一至週四 11:00 ～ 19:00，週五至週日 11:00 ～ 20:00

《文青の生活散策。享受單純美好的小日子》四塊玉文創 出版

彰藝坊 **COUPON**

優惠內容：
憑此券享全館 9 折優惠（布袋戲、特價商品除外）。

使用期限： 至 106 年 6 月 30 日止

使用地點： 台北市大安區永康街 47 巷 27 號 1 樓

營業時間： 11:00 ～ 19:00（週一公休）

聯絡電話： (02) 3393-7330

《文青の生活散策。享受單純美好的小日子》四塊玉文創 出版

好客在一起禮品小舖

優惠內容：
憑此券至好客在一起禮品小舖消費，可兌換價值 $ 100 元小禮。

使用期限： 至 106 年 6 月 30 日止

使用地點： 苗栗縣南庄鄉中山路 110 號
（十三間老街／苗栗客運旁）

營業時間： 週六至週日 10:00 ～ 17:00

聯絡電話： 0931-505-675

《文青の生活散策。享受單純美好的小日子》四塊玉文創 出版

百二歲 **COUPON**

優惠內容：
憑此券至百二歲消費，可享茶吧噗第二杯 5 折優惠。

使用期限： 至 106 年 6 月 30 日止

使用地點： 台中市西區博館路 210 號

營業時間： 10:00 ～ 18:00（週一公休）

聯絡電話： (04) 2314-8259

《文青の生活散策。享受單純美好的小日子》四塊玉文創 出版

i Life Design **COUPON**

優惠內容：
憑此券至「i Life 手感設計」消費，可享 i Life 自有品牌商品 9 折優惠。

使用期限： 至 106 年 7 月 31 日止

使用地點： 台南市中西區府中街 136 號

營業時間： 平日 11:30 ～ 19:00（週二公休）
假日 11:00 ～ 19:00

聯絡電話： (06) 221-8072

《文青の生活散策。享受單純美好的小日子》四塊玉文創 出版

文青の生活散策。享受單純美好的小日子

Coupon 券

la yoo 來唷

優惠內容：
憑此券至「La yoo 來唷」購買「大旅行・真皮帆布斜背包＊護照手機套」，可享折抵 300 元優惠。

使用期限： 至 106 年 7 月 31 日止
使用地點／營業時間／聯絡電話：
台南本鋪｜台南市中西區民權路一段 182 號
(06) 221-5937 ／ 12:00 ～ 18:00（週二、三公休）
藍晒圖分店｜台南市西門路一段 689 巷 27 號（工作室一號）
(06) 221-5116 ／ 14:00 ～ 21:00（週二公休）

《文青の生活散策。享受單純美好的小日子》四塊玉文創 出版

廣富號手製帆布包

優惠內容：
憑此券至「廣富號帆布包」直營門市及誠品松菸專櫃消費，可享正品 9 折優惠。

使用期限： 至 106 年 7 月 31 日止
使用地點／聯絡電話／營業時間：
忠義店｜台南市中西區忠義路二段 78 號／(06) 221-6123 ／ 11:00 ～ 21:00
安平店｜台南市安平區安平路 774 號／(06) 221-6567 ／ 11:00 ～ 20:00
台南主題館｜台南市中西區樹林街二段 193 號／(06) 214-0211 ／ 11:00 ～ 21:00
誠品松菸店｜台北市信義區菸廠路 88 號 2 樓
(02) 6636-5888#1617 ／ 11:00 ～ 22:00

《文青の生活散策。享受單純美好的小日子》四塊玉文創 出版

時尚之丘

COUPON

優惠內容：（二擇一）
・憑此券至「時尚之丘」消費滿千元，享免運宅配到府服務。
・憑此券至「時尚之丘」消費，贈送筷架乙個。

使用期限： 至 106 年 7 月 31 日止
使用地點： 高雄市橋頭區球場路 3 巷 1 號（橋頭糖廠內）
營業時間： 10:00 ～ 17:30
聯絡電話： (07) 611-5532

《文青の生活散策。享受單純美好的小日子》四塊玉文創 出版

火腿藝廊

COUPON

優惠內容：
憑此券至「火腿藝廊」消費，可享 9 折優惠。

使用期限： 至 106 年 7 月 31 日止
使用地點： 高雄市鹽埕區大義街 2-1 號 C7-6 倉庫
營業時間： 12:00 ～ 19:00（週一公休）
聯絡電話： (07) 521-8384

《文青の生活散策。享受單純美好的小日子》四塊玉文創 出版

玉兔鉛筆學校

COUPON

優惠內容：
出示此優惠，享玉兔【導覽 +diy】門票 9 折優惠。

使用期限： 至 106 年 12 月 31 日止
使用地點： 宜蘭縣五結鄉中興路三段 330 號
活動場次： 09:00 ～ 11:00 / 10:00 ～ 12:00 /
13:00 ～ 15:00 / 15:00 ～ 17:00（請提前電話預約）
預約電話： (03) 965-3670 # 88

《文青の生活散策。享受單純美好的小日子》四塊玉文創 出版

卡塔文化工作室

COUPON

優惠內容：
憑此券至琉璃文化體驗，兩人同行，第二人半價優惠。（體驗請於 16:00 以前，限琉璃、圖騰杯、串珠）

使用期限： 至 106 年 07 月 31 日止
使用地點： 台東市中興路二段 191 號（東糖文創園區──這裡 R・ 原味工藝聚落）
營業時間： 09:00 ～ 17:30
聯絡電話： (089) 228-107

《文青の生活散策。享受單純美好的小日子》四塊玉文創 出版

甘樂文創

COUPON

優惠內容：
憑此券至甘樂文創享用套餐消費，可享 95 折優惠。

使用期限： 至 106 年 6 月 30 日止
使用地點： 新北市三峽區清水街 317 號
營業時間： 11:00 ～ 21:00
聯絡電話： (02) 2671-7090

《文青の生活散策。享受單純美好的小日子》四塊玉文創 出版

三和瓦窯

COUPON

優惠內容：
憑此券至「三和瓦窯」磚賣店消費，可享 9 折優惠。

使用期限： 至 106 年 9 月 30 日止
使用地點： 高雄市大樹區竹寮路 94 號（磚賣店）
營業時間： 平日 08:30 ～ 17:00
假日 09:00 ～ 17:30
聯絡電話： (07) 651-2037 分機 12

《文青の生活散策。享受單純美好的小日子》四塊玉

注意事項

* 此券優惠限使用乙次，不得複印。

* 客製化商品不適用。

《文青の生活散策。享受單純美好的小日子》四塊玉文創 出版

注意事項

* 此券優惠限使用乙次，不得複印。

《文青の生活散策。享受單純美好的小日子》四塊玉文創 出版

注意事項

* 此券優惠限使用乙次，不得複印。

《文青の生活散策。享受單純美好的小日子》四塊玉文創 出版

注意事項

* 此券優惠限使用乙次，不得複印。

* 本優惠券內容，限擇一使用。

《文青の生活散策。享受單純美好的小日子》四塊玉文創 出版

注意事項

* 此券優惠限使用乙次，不得拍照或複印。

《文青の生活散策。享受單純美好的小日子》四塊玉文創 出版

注意事項

* 此券優惠限使用乙次，不得拍照或複印。

《文青の生活散策。享受單純美好的小日子》四塊玉文創 出版

注意事項

* 此券優惠限使用乙次，不得複印。

* 消費項目限磚雕工藝品與 DIY 體驗項目。

活散策。享受單純美好的小日子》四塊玉文創 出版

注意事項

* 此券優惠限使用乙次，不得複印。

《文青の生活散策。享受單純美好的小日子》四塊玉文創 出版